Oswald Seidensticker

Die erste deutsche Einwanderung

Oswald Seidensticker

Die erste deutsche Einwanderung

ISBN/EAN: 9783955642518

Auflage: 1

Erscheinungsjahr: 2013

Erscheinungsort: Bremen, Deutschland

EHV
HISTORY

Zweihundert Jahre sind vergangen, seitdem die ersten Deutschen, welche sich in Amerika eine neue Heimath suchten, ihren Fuß an unser Gestade setzten. Zweihundert Jahre hat die deutsche Einwanderung angedauert und Millionen unserer Landsleute nach Amerika verpflanzt. Diesen Zeitabschnitt mit gebührenden Ehren zu feiern und das Gedächtniß an die Pioniere von 1683 zu erneuern, hat sich ein deutscher Bürgerausschuß unserer Stadt zur Aufgabe gestellt. Von demselben hat der Verfasser der folgenden Blätter den ehrenvollen Auftrag erhalten, bei dieser Gelegenheit die Geschichte der ersten deutschen Einwanderung darzustellen. Möge die Arbeit dazu dienen, die Kenntniß dieser Geschichte weiteren Kreisen zugänglich zu machen, und möge der Gruß, den der Pionier der deutschen Auswanderung, Franz Daniel Pastorius, den spätern Geschlechtern seines Stammes zurief, „Heil, deutsches Brüdervolk," in der liebevollen Erinnerung an unsere ersten Vorgänger einen Wiederhall finden.

Oswald Seidensticker.

Philadelphia, September, 1883.

Inhalt.

Zur Einleitung.

Die Deutschen in Amerika.

Es ist dem deutschen Volke nicht vergönnt gewesen, zur Zeit, als andere Nationen von dem neu entdeckten Continente Besitz ergriffen, sich an dieser Länderdividende zu betheiligen und ein Stück Erde zur Gründung von Colonien abzustecken. Nicht allein die geographische Lage Deutschlands, das, wesentlich ein Binnenland, gegen seefahrende Nationen im Nachtheil stand, sondern mehr noch verhinderte seine innere Zerrüttung und politische Ohnmacht jeden Versuch, die überschüssige Bevölkerung zu überseeischen Anpflanzungen zu verwenden. Vergebens, denn zu spät, wird neuerdings der Vorzug der Colonisation vor der Auswanderung erörtert. Der rechte Zeitpunkt ist unwiederbringlich versäumt und privilegirte Niederlassungen auf fremdem Staatengebiete, sei es in Brasilien oder der argentinischen Republik oder in der Türkey, würden stets schwache Scheingebilde bleiben, die sich nicht zur Würde und zum Nutzen wirklicher, mit dem Mutterlande organisch verknüpfter Colonien erheben können.

Muß nun der Deutsche darauf verzichten, bahnbrechend und selbstbestimmend auf neuen Gebieten der Erde aufzutreten und dieselbe mit seiner Cultur zu überziehen, so bleibt ihm doch, wenn er sein Vaterland verläßt und sich an bereits bestehende Gemeinwesen anschließt, eine wichtige und seinem Nationalgefühl nicht abgünstige Aufgabe zu erfüllen.

Unter dem Drucke einer raschen Bevölkerungszunahme, getrieben von eingepflanzter Wanderlust und häufig genug auch durch politische oder religiöse Verfolgung fortgescheucht, sind die Deutschen von je her über die Grenzen ihres Vaterlandes hinausgezogen. Nach allen Strichen der Erde sind sie ausgewandert und haben sich unter die Völkerschaften gemengt, welche sie vorfanden. Aber kein Land ist das Ziel der deutschen Auswanderung in dem Maaße geworden, wie die Vereinigten Staaten.

Die unvergleichlichen Hülfsquellen dieses Landes, die lockende Aussicht auf lohnenden Erwerb, der Reiz der bürgerlichen Freiheit, an welcher der Neubürger keinen Abzug erleidet, die Gleichstellung aller religiösen Bekenntnisse, die vollständige Trennung der Kirche vom Staate, die Möglichkeit, beim großen Wettlauf im „feindlichen Leben," beim „Wirken und Streben," ein glänzendes Loos zu erringen, die achtunggebietende Stellung der Vereinigten Staaten unter den Großmächten der Erde, die Sympathie zu einem stammverwandten Volke und der mächtige Zug, den so viele vorausgegangene Landsleute ausüben, Alles dies hat die Vereinigten Staaten zum Eldorado des deutschen Auswanderers gemacht.

Von den Personen, welche in dem Jahrzehnt von 1871 bis 1880 Deutschland verließen, um sich eine neue Heimath zu suchen, wandten sich mehr als 93 Prozent unserer Republik zu.

Nach dem Census von 1880 befanden sich auf dem Gebiete der Vereinigten Staaten 1,966,742 Personen, die aus Deutschland eingewandert waren. In dieser Zahl sind die hier geborenen Kinder der Einwanderer nicht mit einbegriffen. Rechnet man die Kinder, welche deutsche Väter hatten, hinzu, so ergiebt sich die Gesammtsumme von 4,883,842 Personen.*) Schließen wir auch deutsche Oesterreicher und Schweizer ein, so dürfen wir getrost die runde Summe von 5 Millionen als den deutschen Bestandtheil der Bevölkerung der Vereinigten Staaten ansetzen, etwa eben so viel, wie die Gesammtbevölkerung des Königreichs Bayern beträgt. Die Nachkommenschaft der früheren deutschen Einwanderung läßt sich beim Mangel genauer statistischer Aufnahmen nur annäherungsweise schätzen, ihr Bestand dürfte etwa 4 Millionen sein, so daß die deutschen Einwanderer und die Amerikaner deutschen Blutes sich auf 9 Millionen belaufen. Einen so erheblichen Beitrag zur Bevölkerung der Vereinigten Staaten hat Deutschland geliefert, und schon

---

*) Compendium of Census, vol. 2, p. 1407.

in Anbetracht dieses Umstandes hat die Frage, welchen Einfluß die deutsche Einwanderung auf die materielle Entwickelung und die geistigen Strömungen unserer Republik ausgeübt hat, eine culturhistorische Berechtigung.

Ehe wir darauf eingehen, schalten wir aus den Berichten des statistischen Bureaus in Washington die für die deutsche Einwanderung von 1820 bis 1882 angesetzten Zahlen ein. Es ist indessen anzumerken, daß die Aufnahmen bis etwa 1835 nicht mit genügender Sorgfalt und Genauigkeit gemacht sind, um Vertrauen zu verdienen. Bis dahin figuriren jedes Jahr Tausende von Einwanderern aus „nicht ermittelten" Ländern, die möglicher Weise alle aus Deutschland gekommen sein mögen. Daß in den zehn Jahren, von 1821 bis 1830, nicht mehr als 6731 Deutsche (neben 8497 Franzosen) sollen eingewandert sein, ist, angesichts der stark einsetzenden Einwanderung seit 1817, eine in die Augen springende Absurdität.

Die jährliche deutsche Einwanderung seit 1820, nach den Berichten des statistischen Büreaus in Washington.

1820	968	1841	15,291	1862	27,529
1821	383	1842	20,370	1863	33,162
1822	148	1843*	14,441	1864	57,276
1823	183	1844	20,731	1865	83,424
1824	230	1845	34,355	1866	115,892
1825	450	1846	57,561	1867	133,426
1826	511	1847	74,281	1868	123,070
1827	432	1848	58,465	1869	124,788
1828	1851	1849	60,235	1870	91,779
1829	597	1850	63,182	1871	107,201
1830	1976	1851†	88,196	1872	155,595
1831†	2413	1852	145,918	1873	133,141
1832	10,194	1853	141,946	1874	56,927
1833	6988	1854	215,009	1875	36,565
1834	17,686	1855	71,918	1876	31,323
1835	8311	1856	71,028	1877	27,417
1836	20,707	1857	91,781	1878	31,958
1837	23,740	1858	45,310	1879	43,531
1838	11,683	1859	41,784	1880	134,040
1839	21,028	1860	54,491	1881	249,572
1840	29,704	1861	31,661	1882	250,630

* 9 Monate. † 15 Monate.

Nach Jahrzehnten summirt betrug, denselben Angaben zufolge, die deutsche Einwanderung

Von 1821 — 1830......... 6761	Von 1851 — 1860......951,667
" 1831 — 1840......152,454	" 1861 — 1870......822,007
" 1841 — 1850......434,626	" 1871 — 1880......757,698

Welchen Theil von der Gesammteinwanderung die deutsche ausmachte, zeigen folgende Procentansätze:

1821—1830... 4 bis 5 pro Ct.	1851—1860...36 bis 37 pro Ct.
1831—1840...25 bis 26 "	1861—1870...33 bis 34 "
1841—1850...25 bis 26 "	1871—1880...24 "

Von erheblichem Interesse für uns ist die Vertheilung der Deutschen über die einzelnen Staaten. Der Census von 1880 giebt darüber genauen Aufschluß, aber es muß hier genügen, die Staaten auszuheben, welche die stärkste deutsche Einwanderung haben. In sechs Staaten befanden sich 1880 mehr als je hunderttausend Deutsche, nämlich in New York (355,931), Illinois (235,786), Ohio (192,597), Wisconsin (184,328), Pennsylvanien (168,426), Missouri (106,800). Fünf Staaten zählten mehr als je fünfzig tausend, nämlich Michigan (89,085), Iowa (88,268), Indiana (80,756), Minnesota (66,592), New Jersey 64,935). Demnächst kamen Maryland mit 45,481 und Californien mit 42,532 Deutschen.

Eine Thatsache ergiebt sich hieraus auf den ersten Blick. Die Deutschen ziehen vorzugsweise nach dem Westen. Unter den Staaten, wo sie am zahlreichsten sind, ist kein einziger der Neu-England- oder Yankee-Staaten und auch kein südlicher. (Nur Texas hat eine nicht ganz unbedeutende deutsche Einwanderung von 35,347 und Kentucky, durch seine Angrenzung an Ohio begünstigt, hat 30,413.) Theilen wir die obigen 13 Staaten in zwei Gruppen, östliche (New York, Pennsylvanien, New Jersey, Maryland) und westliche (Illinois, Ohio, Wisconsin, Missouri, Michigan, Iowa, Indiana, Minnesota, Californien), so kommen auf die ersten 634,755 deutsche Einwanderer, auf die andern aber 1,086,744. Ganz ähnliche Verhältnisse ergeben sich aus der Zusammenstellung der deutschen Bevölkerungszahl in großen Städten. New York hat 163,482, Chicago 75,205, Philadelphia 55,769, Brooklyn 55,339, St. Louis 54,901, Cincinnati 40,157, Baltimore 34,051, Milwaukee 31,483, Buffalo 25,543, Cleveland 23,170, San Francisco 19,928, Newark 17,628, Louisville 13,463.

Der Schwerpunkt der deutschen Einwanderung hat sich in den letzten Jahrzehnten stetig dem Westen zubewegt, fast bis zur Mitte unseres Jahrhunderts lag er in Pennsylvanien. Und in keinem andern Staate ist eine so große Bevölkerung deutschen Ursprungs zu finden, als in diesem.

Fragen wir nun, was diese Millionen betriebsamer, fähiger, verständiger Menschen, welche Deutschland an Amerika abgegeben hat, für das Land ihrer Wahl geleistet haben, so ist die Antwort zunächst, daß sie einen Antheil, und keinen geringen, am Werden des amerikanischen Volkes hatten. Der erstaunliche Aufschwung unseres Landes, namentlich die Eröffnung des großen Westens, ist der starken Einwanderung, zu welcher die Deutschen den besten, wenn nicht den größten Theil geliefert haben, zu verdanken. Ohne diese Verstärkung ständen die Vereinigten Staaten in ihrer materiellen Entwicklung im Jahre 1883 kaum da, wo sie 1840 angelangt waren.

Aber ist nicht diese Transfusion deutscher Lebenskräfte in einen fremden Organismus ein schwächender Verlust für unser altes Vaterland? Sind nicht die Arbeitskräfte und Capitalien des Auswanderers ein Theil des deutschen Nationalvermögens, das durch die Versetzung nach den Vereinigten Staaten der einen Seite entzogen wird, der andern ohne Gegenleistung zu Gute kommt?

Wäre es so, wer könnte es ändern? Die Auswanderer verlassen ihr Vaterland, weil dieses ihnen nicht dieselbe Aussicht auf Wohlstand und Lebensglück bietet, wie Amerika. Sie sind beseelte, fühlende, strebende Wesen, die kein Gewicht auf den Umstand legen, daß sie, wenn auch blutarm, einen Theil des Nationalvermögens repräsentiren. Wenn sie sich zu dem schweren Schritte entschließen, die Banden, welche sie ans Land ihrer Geburt knüpfen, zu zerreißen, so thun sie dies in der Zuversicht, für sich und ihre Familie eine bessere Zukunft zu erringen. Uebrigens dürfte die Einbuße, die Deutschland durch den Auszug so vieler seiner Kinder erleiden soll, nicht einfach durch ein Rechenexempel bestimmbar sein. Was ist der wirthschaftliche Werth von Arbeitskräften, die keine Verwendung finden? Deutschland behält, trotz des Abganges so vieler Tausende, eine sich stets mehrende Volkszahl, welche die Nährkraft des Landes aufs äußerste anspannt. Es darf unter diesen Umständen, als ein Gewinn angesehen werden, daß der überschüssige Theil der Bevölkerung, anstatt Ursache innerer Störungen zu werden, nach den Vereinigten Staaten, auf dem Wege geregelter Auswanderung, abfließt und so dazu beiträgt, für deutsche Industrieprodukte einen vermehrten Absatz dorthin zu bewirken.*)

Wie ein Traum ist dann und wann der Gedanke an ein specifisch deutsches Gemeinwesen innerhalb der Union aufgetaucht. Es wäre Zeitverschwendung, gegen diese deutsch-nativistische Chimäre Bedenken und Einwände zu erheben, ihre Unausführbarkeit liegt auf der Hand. Die frischen Einwanderer, die allenfalls für einen Staat, wo alles deutsch ist, schwärmen würden, haben sicher nicht das Zeug dazu, dessen Gründer zu werden, und unter den bereits ansässigen sind die tüchtigen durch feste Verhältnisse an Wohnsitze gebunden, wo das sie durchfluthende amerikanische Leben für das Entstehen eines ausschließlich deutschen Gemeinwesens keinen Raum läßt.

Es ist also unausbleiblich, daß das deutsche Element mit dem amerikanischen verschmilzt, sich ihm assimilirt. Auch die Deutsch-Pennsylvanier bilden hiervon keine Ausnahme. Obschon sie bis auf den heutigen Tag die pfälzische Mundart, versetzt mit englischen Worten, als Umgangssprache beibehalten haben, bedienen sie sich beim Auftreten in der Oeffentlichkeit des Englischen, welches auch der Träger ihrer Bildung ist.

Außer der Sprache nimmt der Deutsche bei seiner Berührung mit dem Amerikaner noch andere Eigenthümlichkeiten an, und es gereicht ihm nicht zum Schaden, wenn er sich freiere Beweglichkeit, gespanntere Thatkraft, einen auf weitere Horizonte visirten Blick, republikanischen Gemeinsinn, realistische Auffassung der Verhältnisse und politischen Takt aneignet. Bei schwachen und gehaltlosen Naturen läuft die Amerikanisirung allerdings auf eine Preisgebung des nationalen Charakters, aufs Abgucken und Nachäffen hinaus; wer es aber bis zur Selbstachtung gebracht hat, der wird nicht allein das Edelste, das er in sich trägt, wahren, es ist ihm auch vergönnt, sein besseres Wissen, seine künstlerische Begabung, seine Lebensanschauungen, sofern sie allgemeinen Werth haben, auf dem großartigen Felde unserer Republik zur Geltung

*) Die Ausfuhr aus Deutschland nach den Vereinigten Staaten hatte im Jahre vom 1. Juli 1881 bis zum 30. Juni 1882 den im Zollamt declarirten Werth von 56,368,542 Dollars, und daß diese Ziffer den wirklichen Werth nicht vollständig repräsentirt, wird wohl aus bekannten Gründen zugestanden werden. Der Werth des Exports aus Amerika nach Deutschland betrug für dieselbe Zeit 54,228,953 Dollars. Daß aber dieser lebhafte Handelsverkehr zum großen Theil durch die deutsche Einwanderung veranlaßt wurde, und in ihr eine kräftige Stütze findet, ist außer Zweifel.

zu bringen. Die Amerikaner sind ein werdendes Volk und bei ihrer Verschmelzung mit dem großen deutschen Bevölkerungs-Bestandtheil empfangen sie so gut, wie sie geben.

Zum Beweise, daß der sich vollziehende Ausgleich nationaler Charakterzüge innerhalb des amerikanischen Volkes der Beobachtung denkender Amerikaner nicht entgeht und als eine willkommene Thatsache anerkannt wird, mögen die Worte des früheren amerikanischen Gesandten beim Deutschen Reiche, Andrew D. White, dienen, der in einer Gelegenheitsrede am 1. Juni 1881 sich folgender Weise vernehmen ließ:

„Man behauptet, daß die Vereinigten Staaten in nicht zu weiter Ferne hundert Millionen Einwohner haben werden. Die nationalen Eigenthümlichkeiten dieser werden sein: Deutsche Gründlichkeit, Beständigkeit, Treue, angelsächsische Energie und Sicherheit, celtische Phantasie. Ist es Nichts, daß ein deutsches Element in solche Gemeinschaft eintritt? Wir sind in Amerika gewohnt gewesen, von England, als von dem Mutterlande, zu sprechen, aber in späteren Zeiten wird für einen großen Theil der Bevölkerung, wahrscheinlich die Mehrzahl, Deutschland das Mutterland sein, und zwar ein solches, von dem es weder Erinnerungen an Krieg, noch an Unrecht zu Wasser oder zu Lande scheiden.“

In dieser Rettung deutschen Wesens für die kommenden Generationen, in dieser Zuversicht, daß die Erbschaft des Bluts kein leeres Wort ist, eröffnet sich uns ein Gesichtspunkt, der uns mit dem sogenannten Aufgehen des Deutschen im Amerikaner versöhnen darf. Zu gleicher Zeit ergiebt sich daraus die Verpflichtung für alle besseren Elemente, den Schatz ihrer geistigen und sittlichen Vorzüge treu zu hüten und auch die deutsche Sprache innerhalb der Familie als ein heiliges Pfand zu wahren und zu pflegen.

Worin bestehen denn aber jene charakteristischen Züge, deren Uebertragung auf das amerikanische Volk von der deutschen Einwanderung zu erwarten ist?

Man hat dafür mancherlei Formeln gesucht und gefunden, z. B. daß der deutsche Idealismus ein heilsames Correctiv gegen die einseitige Nützlichkeitsrichtung des Amerikaners bilde. Anstatt uns mit abstrakten Aufstellungen dieser Art aufzuhalten, wenden wir uns lieber zu offenkundigen Thatsachen.

Um auf das Nächste hinzuweisen, was sich gewissermaßen unter unseren Augen begeben hat, wem verdankt das amerikanische Volk seine

Liebe zur Tonkunst, wenn nicht den Deutschen? Das Ohr, das vor einem Menschenalter nur für Märsche, Gassenhauer, Negerlieder und allenfalls für geistlichen Gesang empfänglich war, findet jetzt an den edelsten Worten eines Mozart, Beethoven, Schumann, Wagner u. s. w. Geschmack.

Musikfeste in den Vereinigten Staaten waren bis auf die jüngste Zeit gewissermaßen das Prärogativ der Deutschen, aber seit einigen Jahren sind die Eingeborenen mit so viel Feuer in den Wettlauf getreten und haben so großartige und erfolgreiche Feste veranstaltet, daß unsere Landsleute nicht ohne Ursache um ihre Lorbeeren besorgt werden.

Minder in die Oeffentlichkeit tretend, aber doch überall bemerkbar, ist die der Weihnachtsfeier zugewandte Gunst. Das von den Deutschen gegebene Beispiel fand Anklang und Nachahmung, so daß der Weihnachtsbaum mit seinem lieblichen Zauber als völlig eingebürgert gelten darf.

Auf verwandtem Gebiete gäbe es noch andere Eroberungen zu machen. Die geselligen Feste der Deutschen, woran sich alle Klassen mit Frauen und Kindern betheiligen, sind dem Amerikaner ein unbegriffenes Phänomen; es nimmt ihn Wunder, daß der helle Jubel und die ungebundene Lustigkeit nicht mit einer Prügelei endet. Es wird ihm schwerlich gelingen, dem Deutschen das Geheimniß geselligen Frohsinns abzulernen, so lange es der Frau versagt bleibt, auch außerhalb des Hauses „das Scepter der Sitte" zu führen.

Erst durch die deutschen Turnvereine, die 1849 hier aufkamen, ist die eigentliche Gymnastik in Amerika ins Leben gerufen worden. Gerade die Uebungen, welche die Pflege der Gesundheit bezwecken und auch in Schulen als 'callisthenics' eingeführt sind, verdanken ihren Ursprung dem deutschen Turnwesen.

Ebenso wurden die Kindergärten, die ein so wesentliches Hülfsmittel der Erziehung sind und sich der vollen Gunst der Amerikaner erfreuen, von Deutschen (zuerst von A. Douai in 1859) nach Amerika verpflanzt.

Einen nicht gering anzuschlagenden Einfluß auf die Gewohnheiten des Amerikaners im Gebrauch von Genußmitteln hat die Einführung des Rebenbaues und die Herstellung eines wohlschmeckenden gesunden Bieres durch die Deutschen gehabt. Nur in Kreisen, die sich von blinden Vorurtheilen leiten lassen, wird der Dienst, den Wein und Bier der Sache der Mäßigkeit geleistet haben, verkannt. Doch haben diese Eiferer nicht verhindern können, daß der Weinbau von Jahr zu Jahr größere

Bedeutung gewinnt und das Bier ein amerikanisches Nationalgetränk geworden ist.*)

Die oben angeführte Kopfzahl der Deutschen, die in den Vereinigten Staaten eine neue Heimath gefunden haben, giebt uns wohl einen Begriff von der Massenhaftigkeit der deutschen Einwanderung, aber keine Vorstellung von der Art ihres Thuns und Treibens, von ihrer Beschäftigung. Um diese einigermaßen zur Anschauung zu bringen, werfen wir einen Blick auf die hauptsächlichen Berufskreise, in denen wir die Deutschen thätig finden.

Zunächst muß auf eine bemerkenswerthe Thatsache hingewiesen werden, die der Census ans Licht bringt. Man zählte unter der Gesammtbevölkerung der Ver. Staaten (50,152,866) beschäftigte Leute jeder Art 17,392,099, d. h. etwas weniger als 35 Procent. Von den Deutschen aber (1,966,742) hatten 1,033,190 eine Beschäftigung, d. h. mehr als 52 Procent. Hieraus geht hervor, daß der arbeitsfähige und arbeitende Theil der deutschen Einwanderung die Durchschnittsbetheiligung an der Arbeit um ein sehr Beträchtliches übersteigt. Die deutsche Einwanderung hat einen bedeutend stärkeren Procentsatz arbeitstüchtiger Leute als die Gesammtbevölkerung.

Auf große Kategorieen vertheilt, waren die Beschäftigungen der eingewanderten Deutschen und, zur Vergleichung, der Irländer:

	Deutsche.	Irländer.
Ackerbau	293,722	140,307
Gewerbe und Fabrikarbeit . .	368,110	284,175
Handel und Verkehr . . .	152,493	138,518
Professionelle und persönliche Dienste	218,867	485,854

Man sieht, die Deutschen sind in den drei ersten Classen zahlreicher, als die Irländer, diese dagegen haben den Vorsprung in der letzten, deren Hauptbestandtheil die Tagelöhner sind.

Von Anfang an warf sich die deutsche Einwanderung mit Vorliebe

*) Der Consum gegohrener Getränke in den Vereinigten Staaten betrug 1863 2 Millionen Barrels, fünf Jahre später 6 Millionen, nach weiteren fünf Jahren 9 Millionen und vom Juni 1882—1883, 17,346,424 Barrels. Während der Verbrauch gegohrener Getränke mit Rücksicht auf die Kopfzahl ums sechsfache und mehr zugenommen hat, zeigt sich im Gebrauch von Spirituosen eine erfreuliche Abnahme. Im Jahr 1827 wurde berechnet, daß auf jede Person der Ver. Staaten ein jährlicher Verbrauch von 3.94 Gallonen Branntwein kam, jetzt ist diese Durchschnittszahl weniger als 1 Gallone.

auf den Landbau. Wie sich Lancaster, Lebanon, Berks, Montgomery und Bucks County in Pennsylvanien im vorigen Jahrhunderte mit deutschen Landwirthen füllten, so jetzt die großen Staaten des Westens, Wisconsin, Ohio, Indiana, Illinois, Michigan, Minnesota, Jowa, 2c. Aus den kleinlichen Verhältnissen, die ihn in Deutschland umgaben und nicht selten zur Armuth verurtheilten, auf den reichen, der Cultur harrenden Boden der neuen Welt versetzt, sucht der deutsche Bauer seinen Stolz darin, ein unabhängiger Landwirth zu werden. Sorgfältig bestellte Ackerfelder, geräumige, hochgebaute Scheunen und ein behäbiges Wohnhaus bezeugen seinen Erfolg. Von den Landstrichen, die von Deutschen besiedelt sind, darf es gern heißen: „Und wie ein Garten ist das Land zu schauen."

Nach dem Census von 1880 waren damals 293,722 deutsche Einwanderer mit dem Landbau beschäftigt, und zwar 233,390 als Farmer und Pflanzer, 9341 als Gärtner und Blumenzüchter, die Uebrigen betrieben Milchwirthschaft 2c. Die größte Zahl derselben kommt auf Wisconsin, nämlich 44,079; dann folgen Illinois mit 42,356, Jowa mit 29,073, Ohio mit 23,733, Minnesota mit 21,749, New York mit 17,800, Missouri mit 16,619, Indiana mit 15,539, Michigan mit 11,414, Texas mit 10,453, Pennsylvanien mit 9,086. Fragte es sich um die Ackerbautreibenden von deutscher Abkunft, so würde Pennsylvanien ohne Zweifel allen anderen Staaten voranstehen.

Nächst dem Ackerbau ist die Industrie der Hauptfactor des nationalen Wohlstandes. Auch auf diesem Gebiete, in fast allen Zweigen des Gewerbfleißes, sind Deutsche in ausgedehnter Weise thätig. In Werkstätten und Fabriken sind sie die vorzüglichsten Arbeiter. Der Census giebt die Gesammtzahl der Deutschen, die in Gewerken und beim Bergbau beschäftigt sind, als 368,110. Es wird von Interesse sein, wenigstens für die Hauptzweige die betreffenden Zahlen auszuheben.

Den Reigen führen die Schneider, es sind ihrer 37,684. Dann kommen Zimmerleute 30,388, Schuhmacher 27,815, Metzger 18,166, Bäcker 15,238, Schmiede 15,129, Tischler 13,328, Cigarrenmacher 11,979, Maurer 11,857, Anstreicher und Lackirer 10,260, Bergleute 10,027, Brauer 9,925, Küfer 8,861, Maschinisten 8,206, Wagenbauer 6,193, Hutmacher 4,393, Lederarbeiter und Gerber 4,112, Müller 3,373, Goldarbeiter 3,252. Verhältnißmäßig viele Deutsche betreiben Gewerbe, in denen Kunstfertigkeit und Geschmack zur Geltung kommen, wie Lithographie und Farbendruck, Kunsttischlerei, Pianofabrikation,

Uhrmacherei, Anfertigung mathematischer und chirurgischer Instrumente. Die besten amerikanischen Mikroskope macht ein Deutscher in Philadelphia. Bei der Vertheilung der Industrie auf die verschiedenen Staaten ergiebt sich natürlich eine andere Reihenfolge, als beim Ackerbau. Die neun Staaten, in welchen mehr als je 10,000 Deutsche industriell beschäftigt waren, sind: New York 93,118, Pennsylvanien 42,600, Illinois 36,391, Ohio 35,673, Wisconsin 20,535, New Jersey 18,334, Michigan 13,559, Indiana 11,646, Maryland 11,446.

Unter der deutschen Einwanderung von 1882 (250,630 Seelen) befanden sich 26,527 berufsmäßige Handwerker und zwar, mit Auslassung der minder zahlreich vertretenen Geschäfte: Zimmerleute 4123, Schuhmacher 2187, Schneider 1935, Schmiede 1729, Metzger 1528, Bergleute 1086, Brauer 785, Anstreicher 685, Weber 631, Müller 620, Gärtner 505, Sattler 346, Küfer 266, Drucker 221, Gerber 216, Goldarbeiter 110, Hutmacher 64.

Den Berufen, welche technische Kenntnisse und besondere Befähigung voraussetzen, haben sich Deutsche mit ausgezeichnetem Erfolge gewidmet. Viele chemische Fabriken stehen unter ihrer Leitung, als Ingenieure beim Berg- Straßen- und Brückenbau sind Deutsche überall zu treffen; Johann A. Röblings' und Washington Röblings' Namen sind unzertrennlich mit den Wunderbauten der Niagara- und East River-Brücke verknüpft, der großartige Sutro-Canal in Nevada verdankt seine Anlage einem Deutschen (Adolph Sutro), und an der Spitze des Küstenvermessungs-Büreaus in Washington, dessen Begründung von Ferdinand Rudolph Haßler ausging, steht ein Deutscher von seltener wissenschaftlicher Begabung (Julius E. Hilgard). Von den vielen dentschen Ingenieuren, die in der Ausfüllung ihres Berufs und durch erfinderische oder schriftstellerische Leistungen sich einen geehrten Namen gemacht haben, seien nur zwei, Albert von Stein und Albert Fink, erwähnt. Als kundiger Landschaftsgärtner, eben so sehr mit feinfühligem Geschmack wie mit technischen und wissenschaftlichen Kenntnissen begabt, ist der kürzlich verstorbene Adolph Strauch, der Schöpfer des unvergleichlich schönen Spring Grove Kirchhofs in Cincinnati, zu nennen.

Im Handel rangirt der Deutsche durch alle Zweige und Erfolgsstufen. Zu den solidesten Firmen des Großhandels in New York, Chicago, Cincinnati, St. Louis, Baltimore, Philadelphia, St. Franzisco gehören Deutsche und die Vergangenheit hat ihnen in Johann Jacob Astor einen Repräsentanten unter den berühmtesten Koryphäen des Erfolges gegeben. Die Anzahl der Deutschen, welche nach dem Census von 1880 sich mit Handel und Transportation ernähren, ist 152,491; und von diesen kommen auf den Staat New York 39,170, auf Illinois 16,813, auf Ohio 12,801, auf Pennsylvanien 11,305, auf Missouri 9335 und auf Californien 7473.

Deutsche Gelehrsamkeit und Dichtung findet in Amerika bereitwillige Aufnahme, wird aber aus begreiflichen Gründen mehr durch den Buchhandel als durch die Auswanderung der Schriftsteller vermittelt. Trotzdem hat es nicht an deutschen Männern gefehlt, die als Vertreter der Wissenschaft auf verschiedenen Gebieten anregend gewirkt haben. Beispielsweise mögen einige der bekannteren Namen folgen. Pastor Johann Christian Kunze galt zu seiner Zeit für den besten Orientalisten in Amerika, unter den gelehrten Theologen der Gegenwart steht in den Vereinigten Staaten keiner höher, als unser Landsmann, Dr. Philipp Schaff und die Katholiken dürfen auf Franz Joseph Pabisch als einen der vorzüglichsten Forscher auf kirchengeschichtlichem Gebiete hinweisen. In allen Zweigen der Naturwissenschaft haben Deutsche förderlich und rühmlich mitgewirkt. Bedeutendes leistete für physische Erdkunde und Geodesie Julius E. Hilgard, der seit langer Zeit im Bureau der Küstenvermessung wichtige Forschungen unternommen und geleitet hat, ferner Louis Posselt und Dr. Karl Enderlin. Zu den hervorragendsten Chemikern unseres Landes gehören Prof. Friederich W. Genth, Dr. Georg König, E. W. Hilgard, E. Rosenberg, Prof. K. Jungk u. a. Unter den ältern Botanikern war Heinrich Ernst Mühlenberg eine Autorität ersten Ranges, in unserer Zeit haben sich Dr. Georg Engelmann, C. T. Hilgard, F. Creutzfeld, Dr. Ch. Wislicenus, Ferd. Jacob Lindheimer durch allgemein anerkannte Leistungen ausgezeichnet. Unter den Zoologen sind Dr. A. L. Heermann, Dr. Johann Bachmann, Graf Fr. Ludwig Franz v. Pourtales zu nennen. Dr. Joseph Leidy, der hier geboren, aber rein deutschen Blutes ist, gilt als Paläontologe und Naturforscher nicht allein in Amerika als einer der bedeutendsten Forscher. Auf demselben Gebiet hat Karl Wachsmuth in Burlington, Iowa, sich einen geachteten Namen erworben. J. B. Stallo's Buch über die Grundbegriffe der Physik ist ein wichtiger Beitrag zur Theorie des Erkennens. Bei den wissenschaftlichen Expeditionen der Verein. Staaten (Exploring expeditions) waren fast immer deutsche Naturforscher, Künstler und Topographen gesuchte Begleiter. Dr. C. Hering begründete als Arzt und Schriftsteller die Homöopathie in Amerika. Mit amerikanischer Archäologie und Ethnologie haben sich eingehend beschäftigt Adolph F. Bandelier, Dr. G. Brühl, Karl Hermann Berendt, J. J. Valentini, Albert S. Gatschet, Karl Rau, die sämmtlich die Resultate ihrer Forschungen in verdienstlichen Werken niedergelegt haben. Als tüchtige Linguisten haben sich Dr. Leonhard Tafel, Prof. M. Schele de Vere und Dr. F. L. O. Röhrig hervorgethan. Dr. Gustav Seyffarth, der ein selbstständiges System der Hieroglyphenkunde aufgestellt hat, ist seit langer Zeit ein Bürger unserer Republik. Herr Theodor Pösche hat in seinem Werke über die Arier das Ergebniß seiner fleißigen Studien auf diesem Gebiete veröffentlicht. H. E. Ludwig eröffnete den Reigen der Bibliographie in der Localgeschichte und den Sprachen der Indianer.

Wie nachhaltig Karl Follen und Dr. Franz Lieber durch Wort und Schrift gewirkt haben, ist allgemein bekannt. Vielleicht hat kein anderer deutscher Schriftsteller durch seinen gediegenen Gedankenreichthum den Amerikanern mehr Bewunderung entlockt als der letztere. Ein ganz neues Feld, das der deutsch-amerikanischen Geschichte, haben mit aufopferndem Fleiße bearbeitet Franz Löher, Dr. Fr. Kapp, H. A. Rattermann und W. J. Mann, als Commentator der Halleschen Nachrichten. Therese A. L. v. Jacobi (Frau Robinson), die schon in Deutschland einen geachteten Namen als Schriftstellerin hatte, vermehrte ihren Ruf in Amerika durch Werke über Geschichte und Literatur und anziehende Dichtungen. Friedrich Münch's gedankenvolle schriftstellerische Arbeiten verdienen in einer Gesammtausgabe veröffentlicht zu werden. Karl Heinzen's Radikalismus kleidete sich in eine klare, kräftige, schön gebaute Sprache und seine schneidigen Invectiven erinnern an Lessings Streitschriften. Der zu früh verstorbene Alexander Schem hat in deutscher und englischer Sprache für Erziehung und Volksbildung trefflich gewirkt. Die deutsch-amerikanischen Dichter Caspar Butz, Theodor Kirchhoff, Gustav Brühl und manche andere dürfen ungescheut den besseren Lyrikern Deutschlands an die Seite gestellt werden und unter den Romanschriftstellern hat Charles Sealsfield (Karl Postel) einen glänzenden Ruf.

Wird trotzdem, auf Grund eines unstatthaften Vergleiches mit dem alten Vaterlande, darauf bestanden, daß deutsche Gelehrte und deutsche Dichter in Amerika dünn gesäet sind, so liegt die Erklärung nahe genug. Die Männer der strengen Wissenschaft haben selten eine Veranlassung, sich ein überseeisches Asyl zu suchen und die Stimmung des Dichters kann der heimischen Atmosphäre nicht entrathen. In den Berufszweigen aber, welche der gelehrten Bildung eine praktische Verwendung gestatten, finden wir die Deutschen mit einem ansehnlichen Contingent vertreten. Voran gehen die deutschen Geistlichen, deren Zahl im Census von 1880 als 4301 angeführt wird. Darin sind nicht mit einbegriffen die vielen hier geborenen Prediger, welche sich der deutschen Sprache bedienen. Welchen Confessionen sie angehören, ist aus dem Census nicht ersichtlich, wie es überhaupt an zuverlässigen Vorlagen fehlt, um den deutschen Bestandtheil der Lutheraner, Reformirten, Katholiken, Methodisten, Baptisten u. s. w. auszusondern.

Deutsche Aerzte gab es 1880 in den Ver. Staaten 2640. Welch hohes Ansehen viele derselben genießen, welche Achtung ihrer wissenschaftlichen Bildung gezollt wird, wie förderlich ihr Rath und Beispiel für die Hebung des medicinischen Studiums gewesen ist, bedarf als offenkundige Thatsache keines Nachweises. Deutsche Hospitäler bestehen in Philadelphia, New York, San Francisco, Charleston und Milwaukee. Einen weitverbreiteten und wohlverdienten Ruf hat Dr. Knapp's Anstalt zur Heilung von Augen- und Ohrenkrankheiten in New York.

Während medicinische Kenntnisse in der ganzen Welt ihren Vollwerth behalten, verhält es sich ganz anders mit der Rechtskunde, die auf dem Boden erlernt werden muß, wo sie ausgeübt wird. So kommt es denn, daß die Zahl deutsch-geborener Advokaten in den Ver. Staaten verhältnißmäßig gering ausfällt, nach dem letzten Census 791.

Deutsche Lehrer finden auf dem weiten Gebiete der Ver. Staaten kein so ausgedehntes Feld der Wirksamkeit, wie man wünschen sollte. Nur in zwei Staaten, Ohio und Wisconsin, wird das Deutsche, zufolge gesetzlicher Bestimmung, in den Volksschulen gelehrt. Sonst hängt dies von den Localbehörden ab und diese zeigen sich, abgesehen von den höheren Lehranstalten, wo das Deutsche fast überall Eingang hat, nur in wenigen Staaten (Illinois, Indiana, Missouri, Minnesota) in nennenswerther Weise der Aufnahme des Deutschen in den Lehrplan geneigt. Hier, wie in anderen Stücken, zeigt sich der stärkere Lebenstrieb des deutschen Elements im Westen. In den Pennsylvanischen Counties, wo das Deutsche als Umgangssprache seit 5—6 Menschenaltern besteht, wird es von der öffentlichen Schule ignorirt. So kommt es denn, daß die deutschen Lehrer, ihrer Mehrzahl nach, auf Kirchen- und Privatschulen angewiesen sind. Der Census faßt Lehrer und Privatgelehrte unter einer Rubrik zusammen und giebt die deutschen auf 4328 an. In lobenswerthester Weise haben sich deutsche pädagogisch gebildete Lehrer bemüht, für die entwickelnde Methode des Unterrichts Bahn zu brechen (A. Douai, W. H. Hailmann, A. Schem, Isidor Keller, H. Schuricht) und dieses Streben hat neuerdings in der Errichtung eines deutschen Lehrerseminars in Milwaukee Ausdruck gefunden. Auch sind einige vorzügliche deutsche Pädagogen mit amtlicher Autorität bekleidet worden, wie Heinrich Raab, Schulsuperintendent im Staate Illinois; Dr. G. A. Zimmermann, Superintendent des deutschen Unterrichts in Chicago; L. F. Soldau, Principal der Normalschule in St. Louis; H. H. Fick, Superintendent des Zeichenunterrichts an den öffentlichen Schulen von Cincinnati.

Durch keine andere Erscheinung tritt die Verbreitung und nationale Beharrlichkeit der Deutschen augenfälliger an den Tag, als durch die deutsche Presse. Sie bezeugt den Pulsschlag des deutschen Lebens in Amerika, sie erweist, daß der eingewanderte Deutsche für seine Politik, seine Religion, seine geistigen Bedürfnisse, sein Verkehrsleben, seine Geschäftsinteressen die deutsche Sprache nicht entbehren kann, noch will. Nach dem Census von 1880 gab es in den Ver. Staaten 641 deutsche Zeitschriften aller Art. (In anderen fremden Sprachen erschienen: französische 41, holländische 9, irische 1, polnische 2, portugiesische 2, skandinavische 49, spanische 26, welsche 5. Die Anzahl aller englischen Zeitschriften war 10,515.) Die deutschen Zeitungen 2c. vertheilen sich auf die folgenden Staaten und Territorien: New York 97, Ohio 89, Pennsylvanien 87, Illinois 70, Wisconsin 47, Iowa 36, Missouri 34, Indiana 32, New Jersey 19, Michigan 15, Californien 15, Minnesota 13, Texas 13, Kansas 11, Kentucky 11, Nebraska 11, Maryland 9, Connecticut 5, Virginien 5, Louisiana 4, Colorado 3, Distrikt Columbia 3, West-Virginien 2, Oregon 2, Massachussets 1, Delaware 1, Rhode Island 1, Süd-Carolina 1, Georgia 1, Tennessee 1, Arkansas 1, Dakota 1.

Das ist doch eine sehr erhebliche Schaar. Viele dieser Blätter haben freilich eine sehr mäßige Circulation, die Meisten erscheinen wöchentlich, aber es befinden sich 70—80 tägliche Zeitungen darunter, von denen mehrere eine so große Auflage haben, daß sie die besten Schnellpressen anwenden und vom Stereotyp-Verfahren Gebrauch machen.

Eine höchst schätzenswerthe Darstellung der deutsch-amerikanischen Presse im Jahre 1876, mit Angabe des Titels, der Zeit des Erscheinens, des Formats, des Herausgebers, der Tendenz und der Abonnentenzahl hat Hr. H. A. Rattermann im „Deutschen Pionier" geliefert. Auf seiner Liste befinden sich 389 politische Zeitungen, 66 religiöse, 16 gewerbliche, 37 der Unterhaltung dienende, und 28 mit socialen oder sonstigen Zwecken. Diese Zahlen sprechen für sich selbst. Der Werth und der Einfluß der deutsch-amerikanischen Presse kann hier nicht erörtert werden. Ein Amerikaner (E. V. Smalley in Lippincott's Magazine, April 1883) sagt: „Einige der deutschen täglichen Zeitungen, wie die New Yorker Staatszeitung, der Philadelphia Demokrat, der Baltimore Correspondent, das Volksblatt in Cincinnaii, die Chicago Staatszeitung, die Westliche Post in St. Louis halten den Vergleich mit den hauptsächlichen amerikanischen Tageszeitungen sehr wohl aus, und übertreffen die leitenden Zeitungen von Berlin, Hamburg und anderen deutschen Städten an Unternehmungsgeist und Neuigkeitsfülle."

Ganz verkehrte Vorstellungen von der deutsch-amerikanischen Presse macht man sich in Deutschland, wo nicht selten Auszüge aus elenden Winkelblättchen als Proben der hiesigen deutschen Publicistik herhalten müssen. Die vom Census angegebene Zahl von deutschen Journalisten (541) muß wohl zu niedrig gegriffen sein, da sie nicht einmal der Zahl der Zeitungen gleichkommt.

Mit den Künstlern verhält es sich ähnlich wie mit den Schriftstellern; sie verlassen nicht gern die alten Pflanzstätten der Cultur, doch beweisen die Namen von E. Leutze, Paul Weber, Chr. Schüssele, A. Bierstadt und Uhle, daß die Kunst in Amerika nicht ganz ohne deutsche Repräsentation geblieben ist.

Friedrich Eckstein, ein Schüler Schadow's, begründete 1826 in Cincinnati eine „Akademie der schönen Künste" und in derselben Stadt gelangten die Brüder J. P. und G. H. Frankenstein zu hohem Ansehen als Maler. Große Erwartungen erregten die zu früh dahingerafften Künstler, der Maler H. Schmolze und der Bildhauer F. J Dengler.

Deutsche Zeichner von Verdienst sind in allen größeren Städten der Ver. Staaten zu treffen, nicht selten an der Spitze öffentlicher Institute. Der Census beziffert die deutschen Künstler und Lehrer der Künste auf 902. Auch deutsche Architekten (395 nach dem Census) nehmen eine ehrenvolle Stellung ein und üben, wo ihnen die Gelegenheit geboten wird, einen heilsamen Einfluß auf die Läuterung des Geschmackes aus.

Wir kommen nun zur Betheiligung der Deutschen am öffentlichen Leben. Es ist eine bekannte Thatsache, daß ihnen im Verhältniß zu ihrer Kopfzahl nur eine geringe Quote der öffentlichen Aemter zufällt und daß ihrer nur Wenige zu einer einflußreichen Stellung im Staatsleben gelangt sind. Die sparsame Berücksichtigung der Deutschen bei der Aemtervertheilung mag zum Theil in der Sprachverschiedenheit ihren Grund haben. Denn wer nicht das Englische mit Geläufigkeit spricht, darf kaum erwarten, zur Bekleidung einer öffentlichen Stelle berufen zu werden. Haben die Deutschen aber einmal diese Schwierigkeit hinter sich, so ziehen sie gemeiniglich ihren sicheren Erwerbszweig den schlüpfrigen Chancen der Amtsbewerbung vor. Dazu kommt noch, daß ein Deutscher, welcher ein Amt durch Wahl oder Anstellung sucht, mit dem eingeborenen Bewerber eine ungleiche Concurrenz zu bestehen hat, selbst zu Zeiten und an Orten, wo keine nativistischen Vorurtheile offen ausgesprochen werden. Dennoch hat es manche glänzende Ausnahmen gegeben, die in Anbetracht der entgegenstehenden Hindernisse den Erfolg um so ehrenvoller erscheinen lassen. Wer denkt nicht zuerst und am liebsten an unseren Landsmann, Karl Schurz, der zu den ersten Staatsmännern Amerikas gezählt wird und im Senat wie im Cabinet der Republik unschätzbare Dienste geleistet hat.

Ein geborener Deutscher, Michael Hahn, der übrigens als Kind ins Land kam, wurde 1864 in Louisiana von dem loyalen Theile der Bevölkerung zum Gouverneur gewählt und that das Seinige, um der Regierung bei der Abschaffung der Sklaverei behülflich zu sein. Der kerndeutsche, ehrenfeste Gustav Körner war 1852—1856 Vice-Gouverneur von Illinois und diesem folgte bald darauf (1860—1864) ein anderer Deutscher, Franz A. Hoffmann, der, mit amerikanischer Thatkraft und mit deutschem Herzen begabt, sich den großen Fragen der Zeit völlig gewachsen erwies. Eduard Salomon wurde 1860 zum Vice-Gouverneur von Wisconsin gewählt und gelangte zur Gouverneurswürde im Jahre 1861.

Von deutscher Herkunft waren viele Gouverneure in Pennsylvanien, Simon Snyder, Joseph Hiester, Johann A. Schultze, Georg Wolf, Joseph Ritner, Franz R. Schunk, W. Bigler, J. W. Hartranft. Auf dem Grabdenkmale Schunk's in Trappe steht eine deutsche Inschrift, und Gen. Hartranft kann von sich sagen, daß in seinen Adern nur deutsches Blut fließt. Peter Mühlenberg war (1785—1787) Vice-Präsident (diese Würde bestand eine kurze Zeit) von Pennsylvanien, sein Bruder, Friedrich August Mühlenberg, der Sprecher des ersten und des dritten Congresses. Der erste Gouverneur des Staates Georgia, Johann Adam Treutlen, war der Sohn eines Deutschen. Und es darf hier nicht unerwähnt bleiben, daß zur Zeit, als New York noch unter der Herrschaft der Holländer stand, Peter Minnewit aus Wesel und, nach Englands Besitznahme, Jakob Leisler aus Frankfurt die Zügel der Colonialregierung führten.

Aus Herrn A. H. Rattermann's fleißigen Nachforschungen ergiebt sich, daß außer Karl Schurz ein anderer Deutscher (Jakob Schüremann) und ein Schweizer (Albert Gallatin) Senatoren gewesen sind, daß in 20 Congressen der Ver. Staaten je ein Deutscher saß, daß 2 Deutsche in 9, 3 Deutsche in 3, 5 Deutsche in 4, 6 Deutsche in 2 und 8 Deutsche in einen, nämlich den 49. oder jetzigen Congreß gewählt wurden. Wie viele Deutsche Mitglieder der Staatsgesetzgebungen gewesen sind, hat sich noch Niemand die Mühe genommen, zu untersuchen, und es würde auch hier viel zu weit führen, die politische und diplomatische Carriere Einzelner unserer Landsleute zu berühren. Weit bedeutender und folgenschwerer ist das Eingreifen der deutschen Massen in die große Politik des Landes gewesen. Als die Frage über die Zulassung oder Ausschließung der Sclaverei in den Territorien zum politischen Schiboleth wurde, schwenkten die Deutschen in hellen Haufen zu John C. Fremont, den Präsidentschafts-Candidaten der Freibodenpartei, über und ohne ihre Unterstützung hätte Abraham Lincoln nicht gewählt werden können. Als sich nun die Südstaaten anschickten, die Union in Trümmer zu schlagen, um einen sclavenhalterischen Sonderbund zu errichten, schaarten sich die Deutschen mit Begeisterung unter das Banner der Union.

Wie es Deutsche waren, die schon 1688 in Germantown die Stimme der sittlichen Entrüstung gegen das Institut der Sclaverei erhoben, so blieben sie stets, wenn auch ins Gewirre der Parteien fortgerissen, deren principielle Gegner. Nicht allein, daß während des Bürgerkrieges ihrer Hunderttausend und mehr für die untheilbare Republik kämpften, in Missouri, dem Sclavenstaate, waren sie es, die im entscheidenden Augenblicke eingriffen und den Abfall des Staates an die südliche Conföderation mit Waffengewalt verhinderten.

Es dürfte bei dieser Gelegenheit am geeignetsten der Theilnahme der Deutschen an früheren Kämpfen gedacht werden. Schon in den blutigen Fehden mit den Indianern um die Mitte des vorigen Jahrhunderts fiel es ihnen zu, die Grenzen gegen die feindseligen Rothhäute mannhaft zu vertheidigen. Als auf Benjamin Franklin's Aufruf sich im Jahre 1756 Freiwillige meldeten, um die Indianer zu Paaren zu treiben, schrieb die „Philadelphische Zeitung": „Und wir haben das Vergnügen, zu sehen, daß unsere deutschen Leute einen ansehnlichen Theil dieser Mannschaft ausgemacht haben."

Im Revolutionskriege standen die Deutsch-Amerikaner mit Herz und Seele auf der Seite der Freiheitspartei. In Philadelphia erklärten sich die deutschen Kirchen und die Deutsche Gesellschaft in einer 1775 von ihnen veröffentlichen Flugschrift für die Revolution. Ein ganzes Regiment Deutscher stellte sich 1777 dem Congreß zur Verfügung und in andern Truppenkörpern, so wie in der Miliz, waren sie zahlreich vertreten. Der deutsche General Nikolaus Herckheimer fand in der Schlacht bei Oriscany in New York, General De Kalb bei Camden in Süd-Carolina den Heldentod. Steuben's Verdienste um die Organisation des Armeewesens waren für den Erfolg der Revolution werthvoller als ein Armeecorps. General Peter Mühlenberg verließ seine Kanzel zu Woodstock, um ein deutsches virginisches Regiment zu führen und wurde nicht allein ein ausgezeichneter Feldherr, sondern auch ein zuverlässiger Berather Washingtons. Zahlreiche andere Officiere waren Deutsche oder deutscher Herkunft. Daß sich England deutscher Söldner bediente, kann diesen unfreiwilligen Opfern fürstlicher Geldgier nicht zum Vorwurf gereichen. Zu wenig bekannt ist es, daß sich unter der französischen Hülfsarmee ein deutsches Regiment (Zweibrücken) befand und daß auch in den übrigen Heerestheilen deutsche Mannschaft und deutsche Officiere dienten.

Der Krieg von 1812 fiel in eine Zeit, wo das deutsche Element in Folge langjähriger Unterbrechung der Einwanderung äußerst schwach geworden war. Aber aus den Namenslisten der Soldaten und Officiere (Pennsylvania Archives, Second Series, Vol. XI.) geht hervor, daß, wenn nicht deutsche Einwanderer, doch deren Söhne in großer Zahl an dem Kampfe Theil nahmen.

In den Seminolen-Krieg zog eine deutche Infanterie-Compagnie unter Coseritz und eine Compagnie Dragoner unter Pabstmann mit August Moor als Oberstlieutenant.

Auch zur Zeit des mexicanischen Krieges war die deutsche Bevölkerung der Verein. Staaten verhältnißmäßig schwach. Doch folgten viele Deutsche dem Rufe der Waffen. Capitän F. W. Binder führte eine Compagnie Deutscher im ersten Regimente pennsylvanischer Freiwilliger (mit unserm noch rüstigen alten General Ballier als Oberstlieutenant) und Capt. A. Moor, der im Verlauf des Krieges zum Obersten avancirte, eine Compagnie im vierten Ohio Freiwilligen-Regimente. Außerdem dienten viele Deutsche in andern Regimentern.

Im Kriege für die Union haben viele Tausende von Deutschen ihr Leben für die Freiheit und große Zukunft ihres Adoptiv-Vaterlandes niedergelegt. Aus allen Staaten strömten sie berbei, auf allen Schlachtfeldern kämpften und bluteten sie. Deutsche Officiere von anerkannter Tüchtigkeit und Erfahrung führten das Commando in vielen Truppentheilen. Die Namen der Generale Franz Sigel, August v. Kautz, Adolph v. Steinwehr, Gottfried Weitzel sind unauslöschlich ins Buch der Geschichte eingetragen.

„Die Stadt New York allein," heißt es im deutsch-amerikanischen Conversations-Lexicon (Artikel Vereinigte Staaten), „stellte eine Reihe deutscher Regimenter, unter deren Führern Bürger, Benedix, Blenker, Stahel, Prinz Salm, Weber, Rosa, Steinwehr, Gilsa, Senges u. a. zu nennen sind; in andern war das deutsche Element aus Buffalo, Syracuse, Rochester u. s. w. stark vertreten. Nächst New York lieferte Pennsylvanien, unter den westlichen Staaten Missouri, Illinois, Ohio und Indiana die bedeutendsten Contingente. Um Sigel, Hecker, Willich u. A. schaarten sich die Veteranen der badischen Revolution."

Die deutschen Regimenter, welche in der Stadt Philadelphia recrutirt wurden, standen unter der Führung der Obersten Ballier, Coltes, Schimmelpfennig, Bohlen, Buschbeck (anfänglich Einstein). Die Turner schlossen sich meistens dem neunundzwanzigsten New Yorker Regimente an.

Deutsche Befehlshaber westlicher Truppen waren die Generale Weitzel, Kautz, A. Willich, die Brigadegenerale Jacob Ammen, Aug. Moor, Engelmann, die Brevet-Brigadegenerale Ludwig v. Blessingh, Franz Darr, Ed. S. Meyer, Alex. v. Schrader, L. Zahm, Georg M. Ziegler.

In der Landespolitik haben die Deutschen sich durchschnittlich mit demselben Verständniß und demselben Eifer betheiligt wie die Eingeborenen, und sich nie blindlings, wie die Irländer, in den Dienst einer Partei nehmen lassen. Als Demokraten und Whigs sich gegenüber standen, gehörten die Deutschen vorwiegend zu den ersteren. Anders wurde es, als die Zeitfragen eine neue Partei, die republikanische, ins Leben riefen. Ihr fielen im Westen fast alle Deutschen, im Osten ein ansehnlicher Theil derselben zu. Die Gaunerei der politischen „Ringe" hat indessen den Parteiverband der Deutschen, denen es vor allen Dingen um eine rechtschaffene Verwaltung zu thun ist, sehr gelockert. Gegen die Ausdehnung der Majoritätsherrschaft auf die Sphäre des Privatlebens, gegen die Gefährdung der individuellen Freiheit durch fanatische

Marotten, gegen die Versuche, durch legislative Maßregeln oder gar durch die Staatsverfassung den Bürger in der Wahl seiner Getränke u. dgl. zu beschränken, haben sich die Deutschen wie ein Mann erhoben, und eine Partei, nenne sie sich wie sie wolle, die den Rebensaft und das Malz proscribirt, muß von vornherein auf die Unterstützung der deutschen Stimmgeber verzichten.

Der Confession nach gehören die Deutschen, welche überhaupt zu einer Kirche halten, größtentheils zu den Katholiken, Lutheranern und Reformirten; viele haben sich auch den Methodisten, einige den Baptisten, Presbyterianern und andern Bekenntnissen angeschlossen. Was die Katholiken betrifft, so war nach dem 1882 veröffentlichen Schematismus die Gesammtzahl der deutschen oder deutschredenden Prälaten und Priester 2067. Unter diesen befanden sich 1 Erzbischof, 15 Bischöfe, 5 infulirte Aebte, 10 General-Vicare und 2036 einfache Priester. Etwa 15 Procent derselben waren in den Verein. Staaten, die übrigen in Europa geboren. Die deutschen Preßorgane der Katholiken bezifferten sich auf 28, von denen 4 täglich, 21 wöchentlich und 3 monatlich herauskamen.

Unter den deutschen protestantischen Kirchen ist die lutherische die zahlreichste, wie denn unter sämmtlichen Lutheranern der Ver. Staaten die Deutschen die Mehrzahl bilden. Die lutherischen Kirchen stehn unter 54 Synoden, welche zu vier größern Complexen vereinigt sind, nämlich 12 zu der Allgemeinen Kirchenversammlung, 6 zu der Synodal-Conferenz, 23 zur nördlichen und 6 zur südlichen General-Synode. Die in der Allgemeinen Kirchenversammlung und Synodal-Conferenz vertretenen Gemeinden sind überwiegend deutsch, während die beiden General-Synoden die englisch-redenden Lutheraner umfassen. Die Zahl sämmtlicher Communikanten der lutherischen Kirche, deutsch, englisch, schwedisch und dänisch redende, belief sich 1882 auf 785,787, die Zahl ihrer Prediger auf 3429. In 18 Seminaren werden lutherische Prediger herangebildet und eben so viele Colleges stehn unter der Leitung der lutherischen Kirche. Die deutsche Sprache findet in allen gebührende Berücksichtigung und ist in einzelnen die beim Unterricht geredete. Unter den 85 lutherischen Zeitschriften erscheinen 29 in der deutschen, 28 in der englischen und 28 in skandinavischer Sprache.

Zu der reformirten Kirche der Ver. Staaten gehörten im Jahre 1882 im Ganzen 777 Prediger, von denen 410 den Gottesdienst ganz oder abwechselnd in der deutschen Sprache führten. Von 14 reformirten Zeitschriften sind 3 deutsch.

Der Methodismus, der bereits im vorigen Jahrhundert Anklang bei den Deutschen fand, zählt jetzt etwa 45,000 deutsche Kirchenmitglieder mit 550 Predigern und 450 Laienpredigern. Es giebt 4 methodistische Blätter in deutscher Sprache.

Von den übrigen Confessionen seien noch die Mennoniten erwähnt, die in den Ver. Staaten etwa 75,000 stark sein mögen. Sie würden so ziemlich alle als Nachkommen der mennonitischen Einwanderung des vorigen Jarhunderts zu bezeichnen sein, hätten sie nicht in den letzten Jahren eine Verstärkung aus Rußland erhalten. Die russischen Mennoniten sprechen deutsch, die hier geborenen deutsch und englisch. Viele ihrer Erbauungsbücher sind in deutscher Sprache geschrieben. Die Dunker, die auch deutschen Stammes sind, bedienen sich vorzugsweise des Englischen, ebenso die Herrnhuter. Ferner haben die englischen Sekten der Presbyterianer und Baptisten mit mäßigem Erfolge unter den Deutschen Anhänger gefunden.

Wo so viele Deutsche, innig verknüpft durch Landsmannschaft, Sprache und Sitte zusammenströmen und mit einander verkehren, da kann es nicht ausbleiben, daß der Trieb der Geselligkeit sich regt und Genossenschaften der mannigfachsten Art hervorruft. Und so hat sich denn unter den Deutschen der Ver. Staaten eine überwuchernde Menge von Vereinen gebildet, deren Schilderung hinreichen würde, ein höchst lebendiges Bild deutschen Lebens und Treibens in Amerika zu gewähren.

Die Form von Logen ist für gewisse Zwecke eine sehr beliebte. Das Urbild derselben ist dem Freimaurer-Orden entlehnt, der unter den Deutschen der Ver. Staaten eine ansehnliche Verbreitung hat. Im Jahre 1871 bestanden 71 deutsche Freimaurer-Logen, deren älteste, die Hermannsloge, 1810 in Philadelphia gegründet wurde. Andere geheime Gesellschaften in der Form von Orden, wie die Harugaris, die Hermannssöhne (seit 1840), die Guten Brüder (seit 1858), die Druiden, die Sonderbaren Brüder, die Rothmänner, die Weisen Brüder, haben gegenseitige Unterstützung zu ihrem Hauptzwecke. Einige derselben sind ausschließlich deutsch und fordern den Gebrauch der deutschen Sprache bei ihren Verhandlungen. Außer diesen giebt es eine Menge andere deutsche Vereine, welche sich die Unterstützung ihrer kranken Mitglieder, der Wittwen und Waisen und Aushülfe bei Sterbefällen zur Aufgabe machen. Im Anschluß an die amerikanischen „Unions“ haben sich Arbeiterschutz-Vereine gebildet, welche die Interessen der Handwerker, namentlich den Arbeitgebern gegenüber, zu wahren suchen.

Zur Uebung des Gesangs und der Geselligkeit bestehen unzählige Gesangvereine (Männerchor, Harmonie, Liedertafel, Orpheus, Arion &c. &c.), welche behufs größerer Concerte und allgemeiner Feste zu Gruppen und Sängerbunden combinirt sind. Der erste Männerchor wurde in Philadelphia am 15. Dezember 1835 gegründet; es ist erstaunlich, wie in weniger als 50 Jahren aus diesem kleinen Schößling ein wahrer Wald von Singbrüderschaften erwachsen ist. Das erste deutsche Sängerfest wurde im Juni 1846 in Philadelphia gehalten, das 13. Allgemeine Sängerfest in derselben Stadt im Juni 1882.

Sehr populär sind die landsmannschaftlichen Vereine geworden, schwäbische (Canstatter), bayrische, plattdeutsche &c., welche alljährlich Volksfeste in großartigem Maßstabe feiern.

Der erste Turnverein entstand 1849 in Philadelphia und gab die Anregung zu zahlreichen anderen in allen größeren Städten der Ver. Staaten. Die Uebungen finden in Turnhallen statt, wo auch dem heranwachsenden Geschlechte Unterricht ertheilt und Gut Heil, nämlich Gesundheit, Stärke und Gewandtheit, auf den Lebensweg mitgegeben wird. Ein Turnerbund (jetzt in zwei gespalten) umfaßt die Localvereine und veranstaltet von Zeit zu Zeit gemeinschaftliche Feste. Das erste war 1851 in Philadelphia.

Viele Städte haben ihre deutschen Schützenvereine, die nicht allein die sichere Handhabung der Büchse, sondern ein anmuthiges geselliges Leben anstreben und parkartige Plätze für ihre Zwecke ausstatten.

In mehreren der größeren Städte bestehen deutsche Gesellschaften, die es sich zur Aufgabe machen, den nothleidenden Einwanderern Hülfe zu leisten und Rath zu ertheilen (Philadelphia 1764, Charleston 1766, New York 1784, Baltimore 1817, St. Louis 1847, Cincinnati 1854, San Francisco 1854, Chicago 1855, Pittsburg 1880).

Die Kirchen kommen dem Gebote der Nächstenliebe durch Wohlthätigkeitsanstalten verschiedener Art nach; von ihnen sind auch in den meisten Fällen die deutschen Waisenhäuser ausgegangen.

Deutsche Hospitäler, auf's Beste ausgestattet, befinden sich in Philadelphia, New York und San Francisco. Wo die Verhältnisse dazu günstig waren, sind unter den Deutschen auch Bildungsvereine, literarische Clubs, technische Vereine, Bibliotheksgesellschaften, Künstlerclubs u. dergl. entstanden, welche durch Vorträge und andere Mittel den geistigen Bedürfnissen der Betheiligten entgegenkommen. Der Pionier-Verein in Cincinnati hat durch Vorträge, noch mehr aber durch die Begründung einer Monatsschrift: „Der Deutsche Pionier", die Kenntniß deutsch-amerikanischer Geschichte aufs erfreulichste gefördert und durch sein Beispiel anderwärts ähnliche Vereine hervorgerufen. Der Arbeiterbund in Philadelphia hat seit 1859 eine zahlreich besuchte Sonntagsschule im Gange erhalten, in welcher deutschen Kindern der Unterricht im Zeichnen, Schreiben und der deutschen Sprache unentgeldlich ertheilt wird.

Schließlich werde auch noch an die deutschen Versicherungsgesellschaften und Sparkassen erinnert, die in New York, Philadelphia, Cincinnati, Indianapolis und vielen andern Städten auf solidester Basis gegründet sind. Ebenso an die zahlreichen Bauvereine, welche Leuten von mäßigem Einkommen eine sichere Anlage ihrer Ersparnisse und die Erwerbung einer eigenen Heimstätte ermöglichen. Sie haben aufs segensreichste gewirkt, bei den Amerikanern Nachahmung gefunden und sind zu Veranstaltungen von national-ökonomischer Wichtigkeit geworden.

Nicht zu vergessen ist endlich, daß aus dem kräftigen Zusammenwirken der Deutschen in Amerika, gepaart mit der alten Liebe zum Vaterlande, jene bedeutenden Geldleistungen hervorgingen, welche bei verschiedenen Anlässen den Leidenden in Deutschland zum Trost, den Gebern zu Ehre gereicht haben. In einem Aufsatz über „Deutsch-amerikanisches Liebeswerk" sagt die „Weltpost" (1. März 1883) in Bezug auf diesen Gegenstand: „Mit goldenen Lettern steht die Hülfsbereitschaft unserer transatlantischen Brüder in der Geschichte des deutschen Volkes eingetragen, als sie in inniger patriotischer Erregung mit vollen Händen 4½ Millionen (Mark) zur Unterstützung der Verwundeten während des deutsch-französischen Krieges beisteuerten. Und wie damals so auch heute." Es folgt sodann eine Anerkenuung der Liebesgaben aus Amerika für die Ueberschwemmten des westlichen Deutschlands, welche nach dem Ausweis vom 15. April, sich auf die Gesammtsumme von Mk. 1,248,614.67 beliefen. Die „Weltpost" bemerkt dazu: „Der andauernde ansehnliche Zuwachs durch deutsche Einwanderung, die vieltausendfältigen engen verwandtschaftlichen und freundschaftlichen Beziehungen zwischen hüben und drüben, die Pflege deutscher Geselligkeit, das lebhafte Interesse für deutsche Literatur und Kunst, die so zahlreiche deutsch-amerikanische Presse, vor Allem aber das zähe Festhalten an der deutschen Muttersprache in Familie, Kirche und Schule — endlich die seit Begründung des neuen Deutschen Reiches dem deutschen Namen entgegengebrachte Achtung des Amerikaners, — Alles dies dient dazu, das Deutschthum in den Ver. Staaten zu befestigen und es rückwirkend zum segensreichen Gedeihen für Deutschland zu gestalten."

Mit dieser Anführung komme unsere flüchtige Umschau unter den Deutschen der Ver. Staaten zum Abschluß. Es konnte innerhalb dieses beschränkten Rahmens natürlich nicht unternommen werden, ein Bild des deutsch-amerikanischen Lebens zu entwerfen; nur die Hauptpunkte wurden angedeutet, welche eine Schilderung desselben ins Auge zu fassen hat. Unser Zweck ist erreicht, wenn diese oberflächliche Skizze den Hintergrund bildet, gegen welchen sich der erste Anfang der deutschen Einwanderung contrastvoll abhebt. Unter dem noch nicht verklungenen Eindrucke, welchen der Hinblick auf die großartige Entfaltung des deutschen Elements in den Ver. Staaten hervorrufen muß, schauen wir jetzt 200 Jahre zurück, um die erste Spitze der auf Millionen angeschwollenen Colonne der der deutschen Einwanderung zu gewahren. Der Gruß, welchen damals der Pionier der Deutschen, Franz Daniel Pastorius, in gedankenvoller Vorschau dem langen unsichtbaren Zuge seiner Nachfolger mit erregtem Herzen zurief, erklingt nach dem Ablauf von zwei Jahrhunderten wie eine feierliche Prophetenstimme und gemahnt uns daran, daß ja auch wir nicht am Ende der Ereignißkette stehen, sondern Jahrhunderte deutsch-amerikanischen Lebens noch verschleiert vor uns liegen.

Aus dem Lateinischen, worin Pastorius seinen Gruß in das „Grund- und Lagerbuch von Germantown" eintrug, ins Deutsche übersetzt, lauten seine Worte:

Sei gegrüßt, Nachkommenschaft! Nachkommenschaft in Germanopolis! Und erfahre zuvörderst aus dem Inhalte der folgenden Seite, daß deine Eltern und Vorfahren Deutschland, das holde Land, das sie geboren und genährt, in freiwilliger Verbannung verlassen haben (oh! ihr heimischen Herde!), um in diesem waldreichen Pennsylvanien, in der öden Einsamkeit, minder sorgenvoll den Rest ihres Lebens in deutscher Weise, d. h. wie Brüder, zuzubringen.

Erfahre auch ferner, wie mühselig es war, nach Ueberschiffung des atlantischen Meeres in diesem Striche Nord-Amerikas den deutschen Stamm zu gründen. Und du, geliebte Reihe der Enkel, wo wir ein Muster des Rechten waren, ahme unser Beispiel nach. Wo wir aber, wie reumüthig anerkannt wird, von dem so schweren Pfade abgewichen sind, vergieb uns, und mögen die Gefahren, die Andere liefen, dich vorsichtig machen. Heil dir, deutsche Nachkommenschaft! Heil dir, deutsches Brudervolk! Heil dir auf immer!

Franz Daniel Pastorius.

William Penn's Reise in Deutschland.

Schon vor dem Jahre 1683 gab es einzelne Deutsche in Amerika, die, unter Holländer, Schweden und Engländer versprengt, ihr Glück in der weiten Welt suchten. Selbst der erste von den Holländern eingesetzte Gouverneur von Neu-Niederland (New York), Peter Minuit oder Minnewit (1624—1632), zugleich der Gründer der ersten Schweden-colonie am Delaware (1638), war ein aus Wesel gebürtiger Deutscher, und bewährten Nachrichten zufolge war John Printz, Gouverneur von Neu-Schweden (1642—1653) ein deutscher Edelmann (Johann Printz von Buchau), der im dreißigjährigen Kriege unter Gustav Adolph ein Commando geführt hatte. Als sich Printz 1642 nach Neu-Schweden am Delaware begab, befanden sich unter seiner militärischen Begleitung eine Anzahl Leute, die ihrem Namen nach ohne Zweifel Deutsche waren (Hans Lüneburger, Jürgen Schneeweiß, Peter Maijer, Constantin Grüneberg, Isaak von Eysen). Aber diese und andere unserer Landsleute, die sich unter fremdes Volk mischten, hatten wirklich mit der deutschen Einwanderung Nichts gemein. Ihre Fühlung mit dem aufgegebenen Vaterlande war abgebrochen, sie zogen keine Genossen nach sich, gründeten keine Niederlassung und verdanken es nur ihrem Namen oder dem Spürsinn eines Historikers, daß sie überhaupt als Deutsche wieder erkannt werden.

Eine deutsche Einwanderung gab es nicht, ehe William Penn in den Besitz des großen Landstriches trat, das seinen Namen verewigt.

Wir wissen, daß es religiöse Motive waren, welche die in ihrem Vaterlande verfolgten Puritaner und Quäker zur Aufsuchung eines Asyls in der neuen Welt veranlaßten. Ebenso verhielt es sich mit den Deutschen. Nur drei Confessionen, die Katholiken, Lutheraner und Reformirten, hatten durch den westfälischen Frieden das Recht der Existenz im Deutschen Reiche erhalten. Wer sich durch gewissenhafte Ueberzeugung gedrungen fühlte, seinen Christenglauben anders zu gestalten, die Bibel anders auszulegen, die Gottesverehrung in andere Formen zu kleiden, dem wurde das Leben durch Staat und Kirche verbittert. Solcher unkirchlicher Christen, die heftig angefeindet und schonungslos verfolgt wurden, gab es aber zu Ende des 17. Jahrhunderts nicht wenige in Deutschland. Die harmlosen Mennoniten fanden nur hie und da eine prekäre Duldung, die gottesfürchtigen Schwenkfelder mußten sich die empörendste Behandlung gefallen lassen, selbst die Pietisten,

Jacob Spener's fromme Anhänger, die doch nur auf eine innigere Erfassung und gewissenhaftere Ausübung der Religion innerhalb des Lutherthums bestanden, wurden von der schulgerechten Kirche mit Argwohn betrachtet, aufs gröblichste geschmäht und dem Staate als gefährliche Neuerer denuncirt. Die Mystiker, welche in mancherlei Schattirungen unter den Gelehrten und dem Volke auftauchten, hätte man am liebsten in Toll- und Zuchthäuser verwiesen.

Die gedrückte Lage, worin sich diese von der Kirche abwendigen Christen befanden, blieb in England nicht unbekannt und namentlich waren es die Quäker, welche innigen Antheil für ihre Mitdulder in fremden Landen bezeugten. Mehrere derselben, wie Wm. Ames, Wm. Caton, Stephen Crisp, Georg Rolf und Andere, unternahmen Reisen nach Deutschland und bemühten sich, nicht ohne einigen Erfolg, für ihre eigene Lehre Propaganda zu machen. Am besten gelang ihnen dies unter den Mennoniten, die in der Anwendung religiöser Grundsätze auf sittliche Lebensführung mit den Quäkern viele Berührungspunkte hatten.

Bei besonderen Veranlassungen richteten Quäker auch wohl Trostschreiben an die Verfolgten und Worte der Mahnung an die Obrigkeiten in Deutschland. So schrieb Stephen Crisp in Jahre 1670: „Ein Wort des Trostes und eine Stimme der frohen Botschaft an alle Betrübten in Deutschland."

William Penn, der 1671 zum ersten Male in Deutschland auftrat, folgte daher nur dem Beispiele seiner Glaubensbrüder. Von jener Reise ist uns wenig bekannt; nur soviel wissen wir, daß er nach Emden, nach Crefeld, nach Westfalen kam. An Dr. Hasbert in Emden, der zu den Quäkern übergetreten war, richtete er ein Schreiben im November 1672; „an die leidenden Freunde in Holland und Deutschland, vornehmlich in Friedrichsstadt und Danzig" wandte er sich 1673; an den Bürgermeister und Rath der Stadt Danzig 1675; ebenso an den Magistrat der Stadt Emden.

Zum zweiten Male begab sich William Penn nach Deutschland im Jahre 1677. Damals begleiteten ihn Georg Fox, Robert Barclay, Georg Keith, Johann Furly und einige andere Quäker, die sich auf dem Continente in verschiedene Gruppen theilten. In Rotterdam fand eine zahlreich besuchte Versammlung im Hause des dort ansässigen Kaufmanns Benjamin Furly statt und dieser schloß sich auf der Weiterreise an William Penn an. Nach einigem Aufenhalt in Leyden, Amsterdam, Herford und Cassel, begaben sich Penn, G. Keith und B. Furly nach Frankfurt am Main, wo sie am 20. August zur Mittagsstunde eintrafen.

Es gab in Frankfurt a. M. allerdings keine eigentlichen Quäker, aber eine Schaar frommer Seelen unter Jakob Spener's Leitung, die sogenannten „Pietisten," standen mit den Quäkern wenigstens soweit auf demselben Boden, als sie, im Gegensatz zu der verweltkichten Orthodoxie, auf eine gefühlsinnige Erfassung und aufrichtige Bethätigung der Religion drangen. Da Wm. Penn von Cassel aus seine bevorstehende Ankunft angemeldet hatte, so gingen ihm zwei hervorragende Mitglieder der Spener'schen Gemeinde, — Jakob Van de Walle und ein Anderer, dessen Name uns nicht überliefert ist, — eine Strecke entgegen. Die beiden Pietisten, welche gewissermaßen das Empfangs-Committee für Wm. Penn bildeten, hatten die Freude, diesen und seine Begleiter etwa eine halbe deutsche Meile nördlich von Frankfurt willkommen zu heißen. Wm. Penn erging sich nun über den Zweck seines Kommens und drückte den Wunsch aus, mit Personen verwandter Sinnesart in Verkehr zu treten. Dazu wurde ihm noch an demselben Tage Gelegenheit. Der Quäker-Sendbote hielt in Van de Walle's Hause, wo sich eine kleine Gesellschaft gleichgesinnter Seelen zusammengefunden hatte, eine Ansprache, welche einen bedeutenden Eindruck hinterließ.

Am folgenden Tage fand wiederum eine Zusammenkunft statt, an der einige neue Besucher Antheil nahmen und die ebenso erfolgreich wie die erste verlief. Besonders empfänglich für die eindringliche und gefühlvolle Beredtsamkeit Wm. Penn's war ein adeliges Fräulein, Johanna Eleonore von und zu Merlau, damals noch nicht die berühmte Frau, als welche sie in Kirchen- und Ketzergeschichten, in Feustking's Werke über fanatische Weiber und selbst in G. Freytag's Bildern aus der deutschen Vergangenheit figurirt; denn als Verfasserin von Folianten über abstruse theologische Fragen trat sie erst auf, nachdem sie sich mit dem gelehrten Theologen, Dr. Wilhelm Petersen, verheirathet hatte. Sie war gerade so alt, wie Wm. Penn, — nämlich zu der Zeit, von welcher wir reden, 33 Jahre, — hatte die Welt und ihren Tand, wozu auch eine aufgehobene Verlobung gehörte, hinter sich, glaubte an göttliche Eingebung durch Träume und Visionen und gehörte, wie ihre Hausgenossin, die früh verwittwete Frau Bauer von Eiseneck, zu den wärmsten Verehrern des gottseligen Spener, dessen Collegia pietatis im Saalhofe sie besuchten.

Die beiden Frauenzimmer, welche den bei den Orthodoxen so verschrieenen Quäker in Van de Walle's Hause kennen lernten, wurden von dessen Vortrag ganz hingerissen. Das war nicht der plärrende Kanzelstyl, die langweilige Textzerklaubung nach hergebrachter Manier; wie ein Ruf aus höheren Sphären erscholl ihnen die ergreifende Rede des begeisterten Fremdlings. Johanna Eleonore unterfing sich, den bewunderten Mann zu einem Conventikel in ihrer Wohnung auf den nächsten Morgen einzuladen und that keine Fehlbitte. Von der Wirkung, die seine Ansprache bei dieser Gelegenheit ausübte, spricht Wm. Penn mit höchster Befriedigung.

Als er darauf am 28. August Frankfurt zum zweiten Mal besuchte, diente die Wohnung des Fräuleins von Merlau wiederum als Versammlungsplatz der ihn umringenden Freunde. Auf Johannens Einladung blieb er zum Abendessen und kam auch den nächsten Morgen, um nach Quäkerart eine stille Versammlung (silent meeting) abzuhalten. Ehe er sich von Frankfurt verabschiedete, sprach er noch ein Mal bei Jacob Van de Walle vor; nach seiner Abreise wechselte er mit dem Fräulein Briefe erbaulichen Inhalts.

Aber was hat das Alles mit der deutschen Auswanderung nach Amerika zu schaffen?

Eben nur dies, daß gerade aus den Kreisen, mit welchen Penn im Jahre 1677 bekannt wurde, fünf Jahre später die „Frankfurter Compagnie" hervorging, welche gewissermaßen den Weg nach Amerika für die Deutschen eröffnete. Zu Denen, welche sich an dem Landankauf in Pennsylvanien betheiligten, gehörten, außer andern Anhängern Spener's, auch Jacob Van de Walle und Frau Doctorin Petersen, geborene von und zu Merlau.

Die englische Regierung war dem Vater Wm. Penn's, dem Admiral gleichen Namens, die Summe von 16,000 Pfund Sterling für geleistete Dienste und Vorschüsse schuldig geblieben. An Zahlungs statt nahm der Sohn und Erbe die Belehnung mit der nördlich von Maryland gelegenen Strecke Landes an, welche dem Admiral zu Ehren den Namen Pennsylvanien erhielt. Die königl. Bestätigung dieser Urkunde, wodurch der eifrige Quäker Eigenthümer dieses hübschen Stückes von Amerika wurde, erfolgte am 4. März 1681. Bald darauf erschien in London eine kurze Beschreibung der neuen Provinz (Some account of the Province of Pennsylvania in America), worin die günstige Lage, der fruchtbare Boden, der Reichthum an Wildpret und Fischen, sowie andere Umstände zu Nutz und Frommen von Auswanderungslustigen gebührend ins Licht gesetzt wurden. Fast zu gleicher Zeit, wenigstens noch im Jahre 1681, erschien davon eine Uebersetzung in Amsterdam unter dem Titel:

„Eine Nachricht wegen der Landschaft Pennsylvania in Amerika, welche jüngstens unter dem großen Siegel in England an Wm. Penn u. s. w. übergeben worden. Nebenst beygefügtem ehemaligen Schreiben des oberwähnten Wm. Penn. In Amsterdam gedruckt bey Christoph Conraden 1681. *)

Sehen wir uns jetzt wieder nach dem Frankfurter Kreise um, worin Wm. Penn im Jahre 1677 als Reiseprediger auftrat.

Es trifft sich sehr gelegen, daß wir die eigenen Worte eines Augenzeugen, und zwar eines sehr wichtigen, hierbei benutzen können. Ein junger Rechtsgelehrter, Franz Daniel Pastorius, der Sohn des Windsheimer Bürgermeisters Melchior Adam Pastorius, kehrte nach einer Reise durch verschiedene Länder Europa's, die er als Hofmeister des Junkers Bonaventura von Rodeck gemacht hatte, am 16. Nov. 1682 nach Frankfurt zurück, wo er drei Jahre zuvor die Rechtspraxis begonnen hatte. Seiner religiösen Ueberzeugung nach gehörte er zu den Frommen, welche mit der Kirche auf gespanntem Fuße standen, und so schloß er sich denn in Frankfurt den Saalhof-Pietisten unter J. P. Spener an, wie er höchst wahrscheinlich schon in Windsheim mit Spener's Schwager, Pfarrer J. H. Horbius, in ähnlicher Weise verkehrt hatte. Pastorius erzählt nun in einer englisch verfaßten Autobiographie, welche sich handschriftlich im Besitz seiner Nachkommen befindet: „Bei meiner Rückkehr nach Frankfurt im Jahre 1682 freute es mich, die Gesellschaft meiner alten Bekannten und christlichen Freunde, die sich in dem sogenannten Saalhofe versammelten, wieder genießen zu dürfen, nämlich Dr. Spener, Dr. Schütz, Notar Fenda, Jacob Van de Walle, Maximilian Lersner, Eleonore von Merlau, Maria Juliane Bauer u. s. w. Diese erwähnten zuweilen Wm. Penn von Pennsylvanien und zeigten mir Briefe von Benjamin Furly, auch eine gedruckte Nachricht über die besagte Provinz; endlich konnte mir das Geheimniß nicht mehr vorenthalten werden, daß sie 15,000 Acker Land in diesem entfernten Welttheile gekauft hatten. Einige waren fest entschlossen, sich mit Familie und Allem dorthin zu begeben. Sie erweckten in meiner Seele eine Sehn-

*) Dieselbe Schrift wurde 1683 in Frankfurt als Theil eines größeren Werkes (Diarium Europæum) veröffentlicht.

sucht, in ihrer Gesellschaft zu verbleiben und mit ihnen ein ruhiges, gottseliges und ehrbares Leben in einer wilden Wüstenei zu führen rc."

Mit den 15,000 Acker Land hatte es seine Richtigkeit. Eine Gesellschaft, bekannt als die „Frankfurter Compagnie" hatte anfangs drei, bald darauf noch zwei weitere Antheile, je von 5000 Acker Pennsylvanischen Landes angekauft. Sie erwählte Franz Daniel Pastorius zu ihrem Agenten und Bevollmächtigten. Aber was auch immer das anfängliche Vorhaben dieser Käufer gewesen sein mag, es ist gewiß, daß, mit Ausnahme von F. D. Pastorius, keiner der Genannten seinen Fuß auf amerikanischen Boden gesetzt hat.

Wer waren die ersten Auswanderer nach Amerika?

Ehe wir die eigenthümliche Gestaltung und die Schicksale der Frankfurter Compagnie ins Auge fassen, wollen wir die Frage zu beantworten suchen: Wer waren denn die wirklichen Pioniere, welche von Deutschland ausgingen und sich eine neue Heimath in Nordamerika gründeten? Wer waren die ersten Auswanderer?

Wir knüpfen zunächst wieder an William Penn an. Als er Frankfurt am 20. August 1677 verließ, begab er sich nach einem bei Worms gelegenen Dörfchen, damals Krisheim, jetzt mit veränderter Schreibart Kriegsheim genannt. Er traf daselbst den 23. August ein. Hier gab es nämlich ein Häuflein deutscher Quäker, die zwanzig Jahre zuvor von dem Engländer William Ames bekehrt waren und trotz der strengen Maßregeln, welche die Localbehörden gegen sie in Anwendung brachten, bei ihrem Glauben verharrten. Quäker-Missionäre, welche den Continent bereisten, machten sich eine Herzens- und Gewissenssache daraus, ihren Glaubensgenossen in dem pfälzischen Dorfe Gruß und Trost darzubringen. Wie Wm. Caton, Stephen Crisp und Wm. Moore es gethan, so pilgerte denn auch William Penn zu den schlichten Leuten von Krisheim, um sie im Glauben zu bestärken und ihre Hoffnung zu heben. Sein Tagebuch enthält manche interessante Einzelheiten über diesen Besuch, für uns ist indessen nur die Thatsache von Bedeutung, daß mehrere Einwohner von Krisheim sich bald nach der Gründung von Pennsylvanien entschlossen, in das große herrliche Land zu ziehen, wo ein milder Himmel, ein fruchtbarer Boden und, besser als das, die von ihrem Freunde William Penn gewährleistete Religionsfreiheit ihnen eine glückliche Zukunft zu verheißen schien. Wir kennen selbst die Namen mehrerer Krisheimer, die sich unter den Ansiedlern von Germantown, der ersten deutschen Niederlassung in Amerika, wieder finden, wie Peter Schumacher, Johann Cassel, Gerhard Hendrichs; ein ganzer Distrikt des alten Germantown wurde nach Krisheim benannt und noch heutzutage erinnert der Name einer Straße und eines Baches an das pfälzische Dorf, wo William Penn im Jahre 1677 in einer Scheune predigte.

Trotzdem waren es nicht die Krisheimer, die das erste Contingent der deutschen Auswanderer nach Amerika sandten, denn Schumacher kam 1685, Cassel und Hendrichs 1686, und diese, scheint es, waren die ersten Ankömmlinge aus Krisheim in Pennsylvanien. Die deutsche Auswanderung setzte aber schon 1683 ein.

Es befindet sich im Archiv der Historischen Gesellschaft von Pennsylvanien das Copierbuch der Correspondenz eines Londoner Kaufmanns, des Quäkers James Claypoole, der 1683 mit dem Schiff „Concord" nach Pennsylvanien kam. Dieser stand mit dem öfter erwähnten Benjamin Furly, William Penn's Agenten in Rotterdam, in geschäftlichem Verkehr, und die an Letzteren gerichteten Briefe aus dem Jahre 1683 enthalten über die Frage, welche uns beschäftigt, höchst willkommene Aufschlüsse. Claypoole war nämlich Derjenige, der auf Furly's Ansuchen die Passage für die ersten deutschen Auswanderer besorgte.

Das Schiff, welches die Vorhut der deutschen Auswanderung nach Amerika trug, ist bis jetzt ruhmlos und so gut wie unbekannt geblieben, während jedes Kind von der „Mayflower," dem durch Geschichte und Dichtkunst verherrlichten Fahrzeuge der Pilgrim Fathers zu erzählen weiß. Vielleicht erwacht bei den Deutschen einmal ein ähnliches Gefühl für die vergessene „Concord." Jedenfalls ist es am Platze, die Nachrichten, die wir in Claypoole's Correspondenz darüber vorfinden, bei dieser Gelegenheit zu verwerthen.

Der erste Brief, worin von Auswanderung überhaupt die Rede ist, trägt das Datum vom 24. Januar 1683. Darin berichtet Claypoole an Furly, daß er entschlossen sei, mit seiner Familie nach Pennsylvanien überzusiedeln, und erbietet sich, Freunden, welche dieselbe Absicht hegten, mit Rath an die Hand zu gehen. Für den überseeischen Transport empfiehlt er das Haus Bowden und Gardner.

Die Sache verzögerte sich indessen, und erst in einem Schreiben vom

13. März kommt er darauf zurück. Er hat ein passendes Schiff gefunden, über das er sich folgendermaßen ausläßt:

„Das Schiff ist die „Concord," Capitain Jeffries, mit einer Capacität von fünfhundert Tonnen oder mehr. Es führt sechsundzwanzig Kanonen und ist mit vierzig Matrosen bemannt. Es soll den 16. Mai in Gravesend segelfertig sein, unter einer erheblichen Conventionalstrafe, die vermuthlich zehn Pfund per Tag betragen wird. Der Capitain ist ein sehr freundlicher und höflicher Mann, und ist sieben oder acht Mal an der dortigen Küste gewesen, daher er sie gut kennt.

Die „Concord" ist ein vortreffliches, tüchtiges, stark gebautes Fahrzeug, für Passagiere bequem eingerichtet, das beste, das nach Westindien fährt. Es soll hundertundachtzig Passagiere nehmen, was es leicht thun kann. Es mißt auf dem Zwischendeck 130 Fuß in Länge und 32 Fuß in Breite. Für größere Familien werden besondere Räume eingerichtet, wo sie mit ihren Betten 2c. für sich sein können. Was die Proviantirung betrifft, so werden wir den Metzger, Bäcker und Brauer selbst wählen. Andere Bequemlichkeiten und Einrichtungen zu erwähnen, wäre zu weitläufig. Wegen der Kanonen, die im Wege sein möchten. hat der Capitain versprochen, etwa ein Drittel in den unteren Raum zu stauen. Das Fahrgeld beträgt fünf Pfund für Personen über zwölf Jahren, und fünfzig Shilling für Kinder unter zwölf Jahren, ausgenommen Säuglinge unter einem Jahre, welche frei sind. Ellenwaaren werden zu vierzig Shilling die Tonne, Getränke zu vierundzwanzig Shilling die Tonne berechnet. Unter diesem Preise können Eigenthümer und Capitain weder Passagiere noch Ladung nehmen, es sei denn nach Virginien, Barbadoes oder einem anderen Platze, wo Rückfracht sicher ist. Wenn Deine Freunde daher mit diesem Schiffe gehen wollen, so sollten sie zeitig benachrichtigt werden, damit sie am 7. oder 8. Mai hier sein können. Gesetzt, sie entschließen sich dazu, so müssen sie auch zeitig für die Passage contrahiren, sonst könnten sie sich getäuscht finden, denn sobald die Zahl voll ist, wird Keiner mehr genommen. 180 ist das Maximum, und es werden nicht mehr als 160 zugelassen, wenn wir nicht damit einverstanden sind. Was für Artikel sich am Besten zur Ausfuhr eignen, darüber kann ich kaum einen Rath ertheilen, denn Briefe von gewissen Personen sind noch nicht eingetroffen. Aber Butter und Käse möchten am Platze sein, auch Kleidungsstücke für zwei oder drei Jahre; Eisenmaterialien zum Bauen, Handwerkszeug für Arbeiter jeglicher Art, Stricke, Fischnetze, Flinten, um Vögel und wilde Thiere zu schießen. Als Knechte oder Mägde sind Alle zu gebrauchen, die tüchtig und fleißig sind, und eine vierjährige Dienstzeit wird gewöhnlich für die Ueberfahrtskosten, Kleidung 2c. ausbedungen. — Die Anweisung des Landes, welches Dir und den Frankfurtern zusteht, an einem schiffbaren Flusse, hat nur der Gouverneur in seiner Macht, und auch dieser nicht, wenn Andere dadurch beeinträchtigt oder ihrer Plätze verlustig würden. Wenn Du oder Andere mich instruiren, so will ich Euch nach Kräften dienen. Wegen des Grundeigenthums in Philadelphia, wozu ihr als erste Käufer berechtigt seid, so ist es außer Frage, daß ihr für jede 5000 Acker 100 Acker daselbst angewiesen bekommt. — George Keith ist im Gefängniß; Van Helmont, der in meinem Hause ist, und George Fox, der sich wohl befindet, lassen Dich und Deine Frau herzlich grüßen u. s. w."

Es geht aus diesem Schreiben hervor, daß Claypoole von dem Landankauf der „Frankfurter" von seinem Freunde Furly in Kenntniß gesetzt war. Er bezieht sich auf diese auch in dem nächsten Briefe, der vom 15. Mai aus London datirt ist.

Claypoole berichtet darin, er habe an Pastorius Briefe und zwei Wechsel, jeden auf 100 Pf. Sterl., abgeliefert, und werde ihm beim Einkauf von Sachen behülflich sein. Dann fährt er fort: „Der Tag, den wir zum Eintreffen in Gravesend festgesetzt haben, ist der 20. nächsten Monats; von da an können Passagiere, die an Bord gehn, auf Schiffs-Unkosten leben; bis zum 30. wird keine Versäumnißstrafe bezahlt. Es wird also noch etwa sechs Wochen dauern, ehe wir England verlassen. Benachrichtige davon die Frankfurter, damit sie um jene Zeit bereit sind. Ich will, wenn Du mir den Auftrag giebst, für sie Passage sichern, so daß Andre den Platz nicht nehmen können. Denn das Schiff soll nur 120 bis 130 Passagiere nehmen, obschon wir früher eine größere Zahl zugestanden haben. Wenn ich die Plätze belege, muß mir die Hälfte des Passagegeldes, nämlich 50 Shilling die Person, remittirt werden. Nach Empfang des Geldes ist der Capitain, bei Strafe, angehalten, nicht ohne die Contrahenten vor dem festgesetzten Tage, nämlich dem 30. Juni, abzusegeln. Wer alsdann nicht da ist, muß es sich gefallen lassen, zurückzubleiben, und sein eingezahltes halbes Passagegeld zu verlieren. Das ist nicht mehr, als billig. Pastorius und sein Freund sprechen davon, mit einem andern Schiff, das nächste Woche segelt oder segeln will, zu gehn. Das läßt uns keine Zeit, uns um Güterankauf zu bekümmern. Ich werde ihnen ihre Freiheit lassen; unser Schiff ist übrigens vorzüglicher, und etwa doppelt so groß."

Drei Tage darauf schreibt Claypoole wiederum an Furly:

„Ich bin Pastorius bei der Landung seiner Sachen und beim Einkauf von allerlei Waaren zur Hand gegangen, und werde ihm auch ferner hülfreich sein; aber er läßt sich meist von Colans (Kohlhans) rathen, und beabsichtigt, mit Jos. Wasey zu gehn, der etwa noch acht Tage braucht, ehe er in Gravesend Anker lichtet. Mehrere Leute sind heute in der Stadt angekommen; auch G. Wehtmoler (Wertmüller), der Pastorius behülflich sein wird. Wenn ich den Frankfurtern ihre Passage sichern soll, so muß ich von Dir bestimmten Auftrag haben, für wie viele; gleichfalls 50 Sh. die Person, um den Capitain in den Stand zu setzen, Proviant zu kaufen. Denn er wird nur für Die, welche ihm sicher sind, Vorräthe einlegen. Wer am festgesetzten Tage nicht da ist, muß gewärtigen, daß das Schiff bei günstigem Winde abfährt, und daß seine 50 Sh. verloren sind."

Die Auswanderer, die bis so weit in Claypoole's Correspondenz etwas schattenhaft im Nebel der Vermuthung und der Projecte auftauchen, gewinnen in seinem nächsten Briefe etwas bestimmtere Contouren. Und es ist bemerkenswerth, daß sie von nun an nicht mehr Frankfurter, sondern Crefelder heißen. Es ist indessen kaum anzunehmen, daß anfangs Frankfurter und nach deren Zurücktreten Crefelder mit Benjamin Furly wegen ihrer Ueberfahrt in Verhandlung traten. Wahrscheinlich hat der Umstand, daß Pastorius sowohl die Frankfurter Gesellschaft, wie die Crefelder Käufer vertrat, die doppelte Bezeichnung veranlaßt und Claypoole bediente sich der richtigeren, sobald er genauere Auskunft über den Thatbestand erhielt.

„Wie ich vernehme," schreibt er an Furly den 5. Juni, „sind die Crefelder Leute einverstanden in unserm Schiffe zu gehen und haben an Dich 287 Reichsthaler als Hälfte der Passagekosten zu remittiren, was, mit 78 Reichsthalern für sechs Personen in Deinen Händen, 365 Reichsthaler ausmacht. Die Hälfte des Fahrpreises für 33 Personen, 50 Schillinge die Person, kommt so ziemlich auf dasselbe heraus. Ich habe mich durch Nachfrage überzeugt, daß Thomas Curtin es nicht unternehmen wird, sie zu holen; überhaupt läßt sich kein für die Seereise tüchtiges Schiff finden, sie abzuholen. Daher habe ich, Deinem Auftrage gemäß, für sie (nämlich die in Deinem Briefe genannten 33 Personen) Passage ausbedungen auf der „Concord," Capitain Jeffries, nach Pennsylvanien, 500 Tonnen Last, zu fünf Pfund Sterling die Person und 40 Shilling die Tonne Fracht. Ich habe den Contract unterzeichnet und besiegelt, wodurch ich mich verbindlich mache, für jede der genannten Personen, die am 6. Juli, dem Tage der Abfahrt von Gravesend, nicht anwesend ist, 50 Shillinge zu entrichten, wogegen der Capitain bei Strafe von 500 Pfund an dem genannten Tage segeln muß, wenn Wind und Wetter erlauben. Wenn ich einen Aufschub veranlasse, so muß ich für jeden Tag nach dem 6. Juli 5 Pfund Schadenersatz zahlen. Was die Einrichtung der Kajüten, den Proviant, die Landung in Philadelphia und die uns dort zu gewährende Frist von mindestens 10 Tagen anbetrifft, alles dies ist so ausführlich, wie man nur wünschen kann, contractlich festgesetzt. Die Leute dürfen sich einer freundlichen und honetten Behandlung versichert halten, von mir so gut wie vom Capitain, der, wie ich schon berichtet habe, ein sehr anständiger Mann ist. Für Raum und Luft ist bessere Fürsorge getroffen als in kleineren Schiffen; nicht mehr als 140 Passagiere werden angenommen, obschon Platz für 150 ist, aber das Schiff wird keinen Tag warten um eines Passagiers willen; es wird segeln, hätte es auch nur 60. — Ich bin Pastorius, seinem und Deinem Wunsche gemäß, behülflich gewesen und habe ihm 200 Pfund ausbezahlt. Vermuthlich geht er heute von Gravesend ab.

Ein Schreiben Claypoole's vom 15. Juni wiederholt nur Bekanntes, einschließlich der Erinnerung an die 50 Shillinge jedes Passagiers. Den 19. Juni schreibt er: „Es freut mich zu hören, daß die Crefelder Freunde kommen; sind sie den letzten dieses Monats hier, so wird es noch Zeit sein. Wir werden schwerlich vor der Mitte nächsten Monats von Gravesend abgehen. Ich bitte um unverzügliche Uebersendung der Hälfte des Passagegeldes, damit ich für meine Verbindlichkeiten gedeckt werde. Es würde mich beruhigen."

Aber auch am Ende des Monats waren die Crefelder noch nicht da. Aus anderer Quelle wissen wir, daß sie sich am 18. Juni, begleitet von Jacob Telner, Dirck Sipman und Jan Strepers in Rotterdam befanden, um ihre geschäftlichen Angelegenheiten zu ordnen. Den 3. Juli schreibt Claypoole an seinen Freund:

„Unsere Abreise hat sich in Folge des Nichteintreffens der Crefelder über Erwarten verzögert. Wir sind genöthigt, Aufschub zu suchen und das Schiff unter dem einen oder andern Vorwande in Blackwall zu halten, denn ist es in Gravesend, so werden die Rheder keinen längeren Verzug gestatten. Es würde mir sehr leid thun, ohne die Crefelder fortzugehen, dazu noch der große Verlust, den sie erleiden müßten, denn der

Capitain will von der halben Fracht nichts ablassen. Aber ich hoffe, sie werden in wenig Tagen hier sein. Wir werden vermuthlich erst Ende der nächsten Woche bereit sein, von Gravesend abzusegeln."

Auch eine Woche später waren die ersehnten Passagiere noch nicht in London eingetroffen. Das Schiff, das sie aufnehmen sollte, war den 7. Juli nach Gravesend gefahren und ankerte dort, theils wegen ungünstiger Winde, theils auch um der Crefelder willen. Da diese zur ausgemachten Zeit nicht an Ort und Stelle waren, hatten sie ihren Anspruch auf Passage freilich verwirkt, aber von der andern Seite hätte man ihnen die traurige Enttäuschung doch gern erspart. Claypoole, der die einem Quäker zukommende Fassung nicht verlor, schreibt den 10. Juli:

„Wir können sie nicht tadeln, aber sollte es der Wille des Herrn sein, so würde es mich doch herzlich freuen, wenn sie kämen. Es thut mir wehe, wenn ich daran denke, welche bittere Enttäuschung den armen Freunden bevorsteht; dazu kommt noch der Verlust des Geldes, das ich dem Capitain längst bezahlt habe. Bis jetzt blieb die Abfahrt des Schiffes nach beiderseitigem Einverständniß verschoben; aber wenn ich die zugestandene Frist überschreite, so muß ich für jeden Tag Versäumniß 5 Pfund bezahlen. — Wir haben viele bequeme Schlafstellen, auch einige Privatgemächer für Familien herstellen lassen; vierzehn vorzügliche Ochsen sind geschlachtet und dreißig Faß Bier nebst hinreichendem Brod und Wasser geladen, so daß wir für 120 Passagiere hinreichend proviantirt sind."

Dies ist der letzte Brief Claypoole's an Furly aus England. Schwerlich hatte der gute Quäker, der sich so viele Sorgen um die saumseligen Crefelder machte, eine Ahnung davon, daß sich hier unter seinen Augen und durch seine persönliche Vermittlung ein Act von unübersehbarer culturhistorischer Tragweite vollzog, daß die völkerlenkenden Schicksalsschwestern unsichtbar um sein Haupt schwirrten, daß mit diesen Crefelder Leinewebern der Wanderzug aus den Gauen Deutschlands in das große Westland seinen Anfang nahm. Hätte ein Zauberstab seinen blöden Augen den Blick in die Zukunft eröffnet und ihm die Millionen deutscher Auswanderer gezeigt, welche im Verlauf der nächsten zwei Jahrhunderte jenen dreizehn Crefelder Familien gefolgt sind und mit unausgesetzter Strömung noch immer folgen, welch ein Schwall von Gedanken und Träumen hätte ihn überwältigt, als die „Concord" am 24. Juli 1683 in Gravesend Anker lichtete!

Die sehnlichst Erwarteten waren eingetroffen, ehe es zu spät war, und von unsern besten Wünschen begleitet, steuert das Schiff, welches die dreizehn deutschen Familien aufgenommen hat, dem Lande ihrer Hoffnung zu. Nun aber, da wir sie gut geborgen und aufgehoben, mit gesunder Kost und reichlichem Bier versorgt wissen, dürfen wir nicht länger der Frage aus dem Wege gehen, wer denn diese oft genannten Crefelder waren, und wie sie auf den Gedanken kamen, sich in Pennsylvanien eine neue Heimath zu gründen?

Crefeld war nicht minder als Krisheim bei Worms ein vorgeschobener Posten der Quäker, — für sie eine kleine, liebliche Oase in der geistigen Wüstenei des Continents, für die Rechtgläubigen eine inficirte, pestverbreitende Stätte. Daß es in Crefeld eine Quäker-Gemeinde gab, wird uns ausdrücklich in einer Biographie des Quäker-Apostels Stephen Crisp, der häufig in Deutschland war, berichtet. (Memorable Account of Christian Experiences of Stephen Crisp. London, 1694.) Diese Nachricht findet ihre Bestätigung in den wiederholten Beschwerden der kirchlichen Partei. Auf der Versammlung der Meurser Klasse (Reformirte) wurde 1679 geklagt: „Die Quäker aus England haben in Crefeld Dienst gethan.“ (M. Goebel. Christliches Leben in der rheinisch-westphälischen Kirche. Bd. II., p. 294.) Im Jahre 1680 drücken die Crefelder Prediger ihre Unzufriedenheit aus „über der Quäker vielfältige Versammlungen, wozu sich viele aus England und Holland begaben, die ihre Versammlungen haben und ihre Lehre treiben, wozu sich die Unsrigen häufig verfügen.“ (Daselbst.) Auch in Kaldkirchen, in der Nachbarschaft von Crefeld, dem Wohnort W. Strepers', eines der Auswanderer, war nach der Klage der Jülicher Synode 1680 und 1681 „die Quäkerei eingerissen, und der Prediger Eylert hatte sich (vergebens) besten Fleißes bemüht, die mit der Quäkerei berüchtigten Weiber zurechtzubringen.“ (Daselbst.)

In Crefeld war, wie anderwärts, das Quäkerthum ein auf die bereits bestehenden Täufer-Gemeinden gesetztes Pfropfreis. In dem zuvor angezogenen Werke M. Goebel's heißt es (Bd. II., p. 370): „Einen merkwürdigen und sehr heilsamen Gegensatz zu dieser strengen und kirchlichen Ordnung bildete nun etwa seit 1600 die Gemeinde der Wiedertäufer in Crefeld und die sich an sie anschließenden Sekten der Quäker, der Labadisten, der Dompelaers oder Baptisten, der Schwärmer und Separatisten, welche unter dem Schutze der, von dem Prinzen von Oranien ausdrücklich gewährleisteten und auch von dem König in Preußen seit 1702 aufrecht erhaltenen, allgemeinen Religions- und Gewissensfreiheit sich dort versammelten und von da aus das ganze Land, — insbesondere Meurs, Wesel, Duisburg, Mühlheim, Elberfeld und Solingen, — in Bewegung setzen."

Es bestand also zur Zeit, als Wm. Penn der Eigenthümer von Pennsylvanien wurde und zur Besiedelung des herrlichen Landes einlud, ein intimes Verhältniß zwischen der englischen Quäker-Propaganda und deren Religionsverwandten in Crefeld. Wir bedürfen keines andern Schlüssels für die Thatsache, daß sich in dieser Stadt unverzüglich ein Drang zur Auswanderung kund gab und zur Ausführung gelangte, als Pennsylvanien sich den verfolgten Sekten als Freistätte öffnete. Es braucht dabei nicht angenommen zu werden, das sich die Crefelder Emigranten sämmtlich zur Quäker-Religion bekannten. Es mögen auch Mennoniten darunter gewesen sein, deren sittlich-religiöse Grundsätze mit denjenigen der Quäker wesentlich übereinstimmten. In Pennsylvanien traten fast Alle, welche anf der „Concord" im Jahre 1683 herüberkamen, in den Verband der Quäker ein; ebenso der vorausgegangene Bevollmächtigte der Frankfurter, Franz Daniel Pastorius.

Sind uns die Namen der Pioniere der Auswanderung überliefert? Allerdings. James Claypoole spricht freilich nur von 33 Personen, ohne dieselben namhaft zu machen. Aber in den einleitenden Worten, womit F. D. Pastorius das in der Recorder's Office zu Philadelphia aufbewahrte „Grund- und Lagerbuch von Germantown" eröffnet, sind die Männer, welche an der Spitze der deutschen Einwanderung stehen, der Nachwelt genannt worden. „Bald darauf," sagt Pastorius, „den 6. des achten Monats (Octobris), kamen ebenfalls in besagtem Philadelphia an: Dirck und Herman und Abraham Isaaks Op den Gräff, Lenert Arets, Tünes Kunders, Reinert Tisen, Wilhelm Strepers, Jan Lensen, Peter Keurlis, Jan Simens, Johann Bleickers, Abraham Tünes und Jan Lücken mit dero respective Weibern, Kindern und Gesind, zusammen 13 Familien." Hierzu sei bemerkt, daß unter den 33 Personen, von denen bei James Claypoole die Rede ist, nicht 33 Seelen, sondern, wie aus seiner Berechnung der Ueberfahrtskosten hervorgeht, 33 sogenannte „Frachten" zu verstehen sind, wobei Kinder unter 12 Jahren als halbe Fracht galten, und Kinder unter einem Jahre nicht gerechnet wurden.

Die oben Genannten waren entweder alle oder mit wenigen Ausnahmen Familienväter aus Crefeld und der Nachbarschaft. Soweit sich ihr Gewerbe hat ermitteln lassen, waren es größtentheils Leinweber, so daß Pastorius allerdings Veranlassung hatte, den Webestuhl in das Stadtwappen von Germantown zu setzen. Eine Prüfung ihrer Familienverhältnisse hat herausgestellt, daß sie so ziemlich alle miteinander verwandt oder verschwägert waren und so zu sagen eine Sippe bildeten. Die drei Op den Gräffs waren Brüder und stammten aus einer alten mennonitischen Familie. Ihr Großvater Hermann op den Gräff ist Einer der Unterzeichner des von der Synode zu Dordrecht 1632 angenommenen mennonitischen Glaubensbekenntnisses. (S. W. Pennypacker im Pennsylvania Magazine, Bd. IV. p. 17.) Mit den drei Brüdern kam auch deren Schwester Margarethe. Wilhelm Strepers (Streypers), dessen Bruder Jan zu den ersten Käufern pennsylvanischen Landes gehörte, war ein Vetter der Op den Gräffs. Kunders und Arets waren mit Schwestern von Strepers verheirathet und Jan Strepers' Frau war eine Schwester von Reinert Tisen (Tyson). Wilhelm Strepers, der ledig herübergekommen zu sein scheint, heirathete 1685 die Wittwe von Jan Simens. Daß Keurlis, Lücken (Lukens) und Tünes gleichfalls der Sippe angehörten, wird durch verschiedene Umstände wahrscheinlich. (Pennypacker a. a. O.)

Die Reise dauerte zwar etwas lange, verlief aber sonst zu allgemeiner Zufriedenheit. Die Auswanderer erreichten die neue Welt im besten Wohlsein und durften sagen, daß sie zahlreicher anlangten, als abfuhren, denn die Bleicker'sche Familie hatte sich unterwegs durch die Geburt eines Knäbleins vermehrt.

Aus einem Briefe, den James Claypoole am 2. Dezember aus Philadelphia an seinen Bruder Eduard richtete, entnehmen wir folgende Bemerkung über die Ueberfahrt: „Unsere Reise von England hierher betreffend, melde ich Dir, daß wir uns in der „Concord" am 24. Juli in Gravesend einschifften, die Küste von England drei Wochen in Sicht behielten und dann noch 49 Tage brauchten, ehe wir Land erblickten. Am 1. Oktober landeten Einige von uns in Pennsylvanien. Der Segen des Herrn geleitete uns, so daß wir eine sehr angenehme Fahrt hatten und während derselben uns guter Gesundheit erfreuten. Wir langten in dieser Stadt am 8. oder 10. Oktober an." Wie gleichgültig der gute Claypoole über das genaue Datum seiner Ankunft hinweggeht! So weit es ihn selbst betrifft, ist es freilich von keinem Belang, aber wir möchten doch nicht gern darüber in Ungewißheit bleiben, welches der für die deutsche Einwanderung so denkwürdige Tag ist. Da nun Claypoole's

Angabe auf seiner nach zwei Monaten unsicher gewordenen Erinnerung beruht, Pastorius aber, der in solchen Sachen sehr präzise war, ganz bestimmt den 6. Oktober als Landungstag angiebt, so müssen wir von diesem Tage die Ankunft der ersten deutschen Einwanderer datiren und an ihm die Denkfeier dieses Ereignisses begehen.

Die Crefelder Käufer und die Frankfurter Gesellschaft.

Unsere Einwanderer, Männer, Frauen und Kinder, sind nun wohlbehalten in Pennsylvanien angelangt und betrachten sich die wenigen Häuser und Hütten, die den vornehmen Namen Philadelphia führen. Damals mußten selbst Erdhöhlen, die man in den Hügel nahe am Delaware gegraben hatte, manchem Ankömmlinge zum vorläufigen Quartier dienen.

Was wollten nun die deutschen Pioniere hier beginnen? Mit welchen Plänen trugen sie sich? Welche Vorbereitungen hatten sie getroffen? Sie waren keine Abenteurer, die sich auf gut Glück und fremde Hülfe verließen, noch hegten sie den Gedanken, eine untergeordnete Stellung unter den englischen Ansiedlern einzunehmen. Sie waren gekommen, um eine deutsche Niederlassung zu gründen und hatten, ehe sie ihre Heimath verließen, für den Boden gesorgt, den sie in Besitz nehmen und bebauen wollten.

Wm. Penn verkaufte je 5000 Acker Landes für 100 Pfund Sterling und 100 Acker für 40 Shilling, nebst Zahlung einer Erbpacht von 1 Shilling für 100 Acker. Durch seinen Agenten, Benjamin Furly, in Rotterdam, denselben, der ihn auf der Reise im Jahr 1677 nach Frankfurt und andern Orten begleitet hatte, wurden die Geschäfte mit Holländern und Deutschen vermittelt.

Wir haben es nun mit zwei verschiedenen Gruppen deutscher Käufer zu thun, den Crefeldern und den Frankfurtern. Die ersteren blieben durchaus unabhängig von einander, während die Frankfurter eine förmlich organisirte Compagnie bildeten.

Am 10. März 1682 (da nach dem alten damals noch gültigen Kalender der Jahreswechsel erst am 25. März eintrat, so ist möglicher Weise 1683 zu verstehen) kauften Jacob Telner aus Crefeld, Dirck

Sipman, ebendaher, und Jan Strepers aus Kaldekirchen bei Crefeld, von Wm. Penn je 5000 Acker pennsylvanischen Landes und erhielten darüber einen Kaufbrief ausgestellt. Am 11. Juni 1683 kauften die Crefelder Govert Remke, Lenert Arets und Jacob Isaaks Van Bebber je 1000 Acker. Das macht zusammen für die Crefelder 18,000 Acker.

Dieser Kauf bezog sich nicht etwa auf bereits vermessene oder an bestimmten Orten gelegene Parzellen, sondern bedeutete einen bezahlten Anspruch an so und so viele Acker Landes, welche sich der Käufer in Pennsylvanien zu irgend welcher Zeit konnte anweisen lassen.

Lenert Arets war einer der Passagiere auf der „Concord," die am 6. October in Philadelphia landete. Von den übrigen Käufern kamen Telner, der schon einmal zwischen den Jahren 1678 und 1681 in Amerika gewesen war, im Jahr 1684, Jacob Isaaks Van Bebber 1687, Jan Strepers vor 1691. Die beiden andern, Sipman und Remke, wanderten nicht aus. Verträge und Landverkäufe wurden theils noch vor der Abreise, theils bald nach der Ankunft der Auswanderer zwischen mehreren derselben und den ursprünglichen Käufern vollzogen.

Unter den Crefeldern genoß wohl Keiner ein so hohes Ansehen wie Jacob Telner. Er hatte in Amsterdam als Kaufmann verbreitete Handelsverbindungen gehabt und nahm, wie Herr S. W. Pennypacker nachweist, während seines Aufenthalts in Germantown, eine sehr geachtete und einflußreiche Stellung ein. Er war Mennonit und unternahm 1692 mit seinem Quäkerfreunde John Delavall eine Missionstour durch Neu-England. Auch schriftstellerisch ist er thätig gewesen. Im Jahr 1698 kehrte er nach Europa zurück, um in London kaufmännische Geschäfte zu betreiben. Von seinen 5000 Ackern verkaufte er 2000 an die Op den Graeffs, in Germantown besaß er 989 Acker, den Rest nahm er am Skippach, wo sein Land eine Zeitlang als Telner's Township bezeichnet wurde.

Wir kommen nun zur Frankfurter Compagnie, von deren Ursprung im Spener'schen Kreise bereits früher die Rede gewesen ist. Anfangs hatten die Mitglieder 15,000, bald darauf aber nochmals 10,000 Acker angekauft und zwar so, daß, unbeschadet ihrer Constituirung zu einer Gesellschaft, den einzelnen Theilhabern ihr Antheil durch den Kaufbrief zugesichert wurde. Für je 5000 Acker bildeten diejenigen, welche sich darin theilten, einen sogenannten „Hauptstamm," deren es mithin fünf gab. Die ursprünglichen Mitglieder der Gesellschaft waren nun die folgenden:

1ster Hauptstamm: Jacob Van de Walle und Caspar Merian zu gleichen Theilen.

2ter Hauptstamm: Dr. Johann Jacob Schütz und Johann Wilhelm Ueberfeldt; ersterer mit vier Fünftel, letzterer mit einem Fünftel.

3ter Hauptstamm: Jacob Van de Walle, Georg Strauß und Daniel Behagel zu gleichen Theilen.

4ter Hauptstamm: Johann Laurentz.

5ter Hauptstamm: Abraham Hasevoet.

Die Mitglieder der drei ersten Hauptstämme waren Frankfurter. J. Van de Walle, der in zwei Stämmen vertreten ist, war der Kaufmann, dessen Bekanntschaft Penn in Frankfurt 1677 gemacht hatte. Caspar Merian gehört zu der bekannten Künstlerfamilie, Johann Jacob Schütz (1640—1690) war Spener's Freund, Rechtsconsulent in Frankfurt und der Verfasser mehrerer Kirchenlieder. Johann Wilhelm Ueberfeld, ein Kaufmann, ging 1684 nach Holland, wo er als Anhänger der Jacob Böhme'schen Mystik schriftstellerisch auftrat und durch seine strenge Selbstverläugnung viel Aufsehn erregte.

Wenige Jahre nach der Entstehung der Gesellschaft, nämlich als sich dieselbe am 12. November 1686 neu organisirte, finden sich folgende Veränderungen in deren Personalbestande:

Im ersten Hauptstamme wurde Caspar Merian's Antheil von Jacob Van de Walle und Daniel Behagel übernommen.

Im zweiten Hauptstamme trat Franz Daniel Pastorius an die Stelle von Ueberfeld.

Im dritten Hauptstamme trat das ehemalige Fräulein Johanne Eleonore von Merlau (seit 1680 die Gattin des Chiliasten Dr. Johann Wilhelm Petersen) an die Stelle von Georg Strauß.

Im vierten Hauptstamme traten Balthasar Jawert mit zwei Dritteln und Johann Kembler mit einem Drittel an die Stelle des früheren Theilhabers.

Im fünften Hauptstamme ward A. Hasevoet durch Gerhard von Mastricht, Thomas von Wylich und Johann Lebrün ersetzt.

Von den neu eingetretenen Mitgliedern kennen wir die Frau Petersen schon von Wm. Penn's Frankfurter Besuche her. J. Kembler war ein Prediger in Lübeck und B. Jawert ebendaher. Den Dr. G. Mastricht lernte Penn 1677 in Duisburg kennen und erhielt von ihm einen Freundschaftsdienst erwiesen. Er war ein Rechtsgelehrter, interessirte sich aber sehr für die Theologie und hat eine Ausgabe des Neuen Testaments in der griechischen Sprache besorgt. Später bekleidete Dr. Mastricht in Bremen die Stelle eines Syndicus. Dr. Wylich und Lebrün waren in Wesel zu Hause. Von ersterem wissen wir, daß er nach Spener'scher Weise collegia pietatis einführte. Eine Schwägerin von ihm lernte Penn bei seinem Aufenthalte in Wesel kennen.

Die Antheile, welche die einzelnen Mitglieder im Jahre 1686 an den erkauften 25,000 Ackern hatten, waren wie folgt:

Erster Hauptstamm:	Jacob Van de Walle	3333⅓	Acker.
	Daniel Behagel	1666⅔	"
Zweiter do.	Johann Jacob Schütz	4000	"
	Franz Daniel Pastorius	1000	"
Dritter do.	Jacob Van de Walle	1666⅔	"
	Eleonore von Merlau (Frau Petersen)	1666⅔	"
	Daniel Behagel	1666⅔	"
Vierter do.	Dr. Gerhard von Mastricht	1666⅔	"
	Dr. Thomas von Wylich	1666⅔	"
	Johannes Lebrün	1666⅔	"
Fünfter do.	Balthasar Jawert	3333⅓	"
	Johannes Kembler	1666⅔	"

Der Vertrag selbst, den die Mitglieder der Frankfurter Gesellschaft mit einander eingingen, setzte fest, daß Jeder im Verhältniß seines Antheils einen Anspruch auf das Land und dessen Erträgnisse, sowie an alles sonstige Eigenthum der Gesellschaft haben solle. Die Kosten, welche durch die Urbarmachung und Bebauung, Transportation von Arbeitern und Pächtern, Ankauf von Waaren, Werkzeugen u. s. w., Lohn und Lebensmittel erwüchsen, wurden nach demselben Verhältniß repartirt.

Die proportionelle Berechtigung nach dem Maße des Jedem zustehenden Landes, erstreckte sich auch auf das Verfahren bei Beschlußnahmen, indem auf je 1000 Acker Land 10 Stimmen kamen.

Der Geschäftsführung in Amerika stand ein Bevollmächtigter vor, der als gesetzlicher Vertreter der Gesellschaft über die Vermessung, Vertheilung, den Anbau und Verkauf des Landes, über Contracte, Anschaffungen und Absatz, kurz über das ganze Verwaltungswesen die Aufsicht zu führen hatte.

Die Geschäftsführung in Deutschland, einschließlich der Correspondenz mit dem Agenten in Amerika und den einzelnen „Hauptstämmen," wurde von „einem oder zwei Schreibern" besorgt, die „vor alle Mühe nach Gestalt der Sachen eine mittelmäßige Ergötzlichkeit aus der Compagnie genießen sollen." Da der Constitution der Gesellschaft gemäß jeder Hauptstamm ein eigenes Conto hatte, alle Rechnungen zu revidiren und zu registriren waren, über alles Eigenthum und alle Schulden genau Buch geführt werden mußte, und die Ansichten und Bestimmungen der fünf Hauptstämme bei allen wichtigen Fragen einzuholen waren, so wurde die Verwaltung des Pennsylvanischen Grundbesitzes eine äußerst schwierige und die Geschäfsführung complicirt.

Die Contrahenten der Frankfurter Gesellschaft behielten sich das Recht vor, falls sie auswanderten, einen Theil, nämlich 6 Procent, des ihnen zustehenden Landes selbst in Besitz zu nehmen; doch sollte in diesem Falle der Compagnie jährlich ein Shilling Erbpacht für jede 10 Acker „zur recognition" entrichtet werden. Wer mehr Land occupiren wollte, durfte für die Hälfte des regelmäßigen Preises ein weiteres Besitzthum, so groß wie das vorige, ankaufen. Wünschte er über dies Maaß hinauszugehen, so mußte er für das Uebrige denselben Preis zahlen wie Fremde.

Aber es hat von den Gesellschafts-Mitgliedern keiner von diesem Rechte Gebrauch gemacht. Pastorius, der vorangesandt war und der erwartete, seine Frankfurter Freunde würden ihm folgen, schrieb über deren Ausbleiben ein wenig verstimmt, den 30. Mai 1685 an Dr. Schütz in Frankfurt: „Es scheinet fast, daß die meisten ihre gute Intention (allhier in Pennsylvanien Gott und dem Nächsten in Stilligkeit ihres Gemüths zu dienen) nicht so vollkommlich erreichen können, sondern deren etliche gleichsam wider Willen in mancherley Weltaffairen (mit Verabsäumung des Einen so nöthig ist) geflochten werden."

Für den Fall, daß ein Mitglied starb, ohne daß Leibes- oder testamentarische Erben auf sein Land Anspruch hatten, war festgesetzt, daß dieses der Compagnie zufallen solle.

Die Gesellschaft war sehr darauf bedacht, so weit es die Umstände erlaubten, eine geschlossene zu bleiben und ihr Eigenthum nicht aus den Händen gehen zu lassen. Nicht allein war ausbedungen, daß ein Mitglied, das ausverkaufen wollte, seinen Genossen das erste Angebot zu machen hatte, sondern es sollte, wenn diese den Kauf abgelehnt, der mit Fremden abgeschlossene Kaufcontract drei Monate in suspenso bleiben und während dieser Zeit dürfte jedwedes Mitglied der Gesellschaft den Contract übernehmen mit zehn Procent Disconto zu seinem Vortheil.

Dies sind die wesentlichen Bestimmungen des am 12. Novbr. 1686 abgeschlossenen Vertrages, von denen nur wenige zur Ausführung gelangt sein dürften. Da uns die Correspondenz des Bevollmächtigten F. D. Pastorius nicht vorliegt, wissen wir nichts von den Schwierigkeiten und Verwickelungen, welche ohne Zweifel eintraten. Vorläufig sei bemerkt, daß die Frankfurter Gesellschaft in Germantown nur von 2675 Acker Land Besitz nahm und der Anspruch auf alles übrige Land erst von Pastorius Nachfolger 1701 geltend gemacht wurde.

Franz Daniel Pastorius.

Da die Mitglieder der Frankfurter Gesellschaft nicht nach Pennsylvanien auswanderten, so bedurften sie eines kundigen, zuverlässigen Mannes, dem sie die Geschäftsführung und die Vertretung ihrer Interessen anvertrauen konnten. Benjamin Furly, den sie provisorisch zu ihrem Bevollmächtigten ernannt hatten, versah wohl nur die Stelle eines Landmaklers, da er Rotterdam nicht verließ.

Nun traf es sich sehr glücklich, daß gerade zur Zeit, als das Unternehmen hin und her überlegt wurde, der öfters erwähnte mit mehreren Gesellschaftsmitgliedern von früher her befreundete Franz Daniel Pastorius von seinen Reisen heimkehrte.

Dieser ließ sich leicht für den Gedanken gewinnen, in einem neuen Lande, wo keine Vergangenheit die Gegenwart in Fesseln schlug, ein frisches Leben unter dem Leitstern der höchsten sittlichen und religiösen Motive zu beginnen.

Seine Familie stammte aus Erfurt. Sein Großvater, Martin Pastorius, war daselbst Assessor des Churmainzischen Gerichts gewesen. Als die Schweden während des dreißigjährigen Krieges die Stadt einnahmen, wurden seine Häuser in Brand gesteckt; er selbst entfloh, ward aber auf seinem Wege nach Mainz, während er in einem Heuschober versteckt lag, von schwedischen Soldaten gefunden und so mißhandelt, daß er bald darauf verschied. Der Vater, Melchior Pastorius, studirte katholische Theologie in Würzburg, ging seiner weiteren Ausbildung halber nach Rom, sattelte aber später um, und zwar in doppeltem Sinne, er wurde Jurist und Protestant. In Sommerhausen schloß er seine erste Ehe, deren einziger Sprößling unser Franz Daniel war. Einige Jahre darauf begab sich Melchior Pastorius nach Windsheim, wo er sich noch dreimal verheirathete, zu vielen bürgerlichen Ehrenstellen berufen wurde und zuletzt das Amt eines Oberrichters bekleidete. Er starb 1702 in seinem 78. Jahre auf einem Landgut bei Nürnberg, das der Markgräfin von Brandenburg-Beyreuth gehörte.

Die Vorfahren des Gründers von Germantown waren daher im Reiche Männer von Ansehen und Würde. Wäre es Melchior's Erstgeborenem beschieden gewesen, in Deutschland zu verbleiben, er hätte wahrscheinlich eine ähnliche Laufbahn beschrieben. Mit gründlichem Wissen als Jurist verband er treffliche Kenntnisse auf anderen Gebieten, namentlich in der Theologie und Kirchengeschichte, in den alten und neuen Sprachen; seine felsenfeste Ehrenhaftigkeit und sein uneigennütziger Charakter befähigten ihn zur Bekleidung der verantwortlichsten Aemter. Dazu hatte er die zähe Geduld des unermüdlichen Actenreiters, die Pünktlichkeit und Ordnungsliebe, welche leichtsinnige Menschen als Pedanterie verschreien. Als Statistiker würde er sich einen Namen gemacht haben. Keine Inschrift sah er auf seinen Reisen, sei es auf Kirche oder Kegelbahn, Kamin oder Springbrunnen, die er nicht verzeichnete; seine Collectaneen schwollen zu encyclopädischen Sammlungen, die er aufs netteste ordnete und mit alphabetischen Registern versah. Er führte genau Buch über jeden Pfennig, den er verausgabte, über jeden Tag seines Lebens, verzeichnete die Kinder, zu denen er Gevatter stand, seine Dintenfässer und Nachtmützen, ja selbst die „Nastücher" seiner Ehelieb-sten zur Zeit, als er sie heimführte. Kurz, er war ein Mann der alten Zeit und des alten Reiches, und als er auszog in die amerikanische Wildniß, um für sich und seine Freunde einen Platz zum gottgefälligen Leben vorzubereiten, ließ er Zopf und Puderbeutel nicht daheim.

Ueber seinen Lebenslauf bis zu seiner Ankunft in Amerika sind wir im Stande, ihn selbst reden zu lassen. Diese Aufzeichnungen finden sich in einem Notizbuche von seiner Hand, das im Besitz der historischen Gesellschaft von Pennsylvanien ist.

Nachdem er über seine väterlichen und mütterlichen Vorfahren gesprochen, fährt er fort:

„Von obenerwähnter meiner Mutter wurde ich Franz Daniel Pastorius zu Sommerhausen in Frankenland geboren anno 1651 den 26. September. Meine Taufpathen waren Franziscus Freyherr von Limpurg und Daniel Gering, der Rechte Doctor von Segnitz.

Anno 1658 kam ich mit meinem Vatter nach Windsheim und ging allda in die schul. Ich wurde anno 1668 d. 31. Jul. zu Altdorf deponirt*) und reisete anno 1670 d. 11. August auff die Universität zu Straßburg, woselbst nebenst dem studio juridico die Französische Sprache zu erlernen anfing. Besuchte anno 1672 im Juli die hohe Schul zu Basel und begab mich den 25. November wieder nach Windsheim. Anno 1673 den 13. April reisete ich nach Altdorf, den 2. Juli von dannen nach Nürnberg und Erffurt; ferner nach Jena, allwo den 13. dito angelangt und studium juridicum continuirt, auch Italienisch gelernt habe, maßen anno 1674 im Januar ad lib. III. 2 publice disputirte, wie auch den 18. April in italienischer Sprache dalle Leggi.

Nachdem ich nun von daraus Nauenburg, Gotha u. s. w. besehen, reisete ich den 31. Juli nach Regenspurg umb auff daselbstigem Reichstag Jura publica desto besser zu ergreiffen und anno 1675 den 16. April von Baireuth zurück nach Windsheim, von dannen den 27. September wieder nach Altdorf, allwo endlich anno 1676 den 31. März circulariter und den 23. November exantlatis examinibus inauguraliter disputirt†) und mich darauf hinab nach Windsheim verfügt habe. Anno 1679 den 24. April reisete ich nach Frankfurt am Mayn, hielt allda einigen studiosis private collegia juris und practicirte anbey ein wenig, da dann Gelegenheit bekam, Worms, Mannheim, Speyer etc. zu visitiren; hatte den Tisch bey Notario Christian Fenda im Saalhof, logirte vom 1. December 1679 bis 26. Juni 1680 bey Junker Fichard (einem fidelen alten Herren). Anno 1680 den 26. Juni fuhr ich nacher Maintz mit Junker Günterod, Junker Lerßner und dero Weiber und trat als Hofmeister mit derselben Schwager Joh. Bonaventura von Rodeck eine Reis an durch Holland, England, Frankreich, Schweitz und einen Strich Hochteutschlands. Wir kamen beide anno 1682 den 16. November wieder frisch und gesund nach Frankfurt. Weilen ich nun alldar von meinen Bekannten im Saalhof (Dr. Spener, Dr. Schütz, Notarius Fenda, Jacob Van der Walle, Maximilian genannt der Fromme, Lersner, Eleonore von Merlau, Maria Juliane Baurin u. s. w.) Pennsylvanien zum öfftern sehr rühmen

---

*) D. h. immatrikulirt.

†) Die in Nürnberg gedruckte Inaugural-Dissertation hat zum Gegenstande: De rasura documentorum. — Die aufgestellten Thesen sind zum Theil nicht ohne Humor; z. B. Adolescens, qui invitae virgini osculum infigit, actione injuriarum non tenetur. Und eine gegen das Weiberregiment: Pactum ut uxor imperio et dominatione gaudeat nuptiarum contractui adjectum Naturae refragatur et contra bonos mores est.

hörte und verschiedene Relationschreiben davon zu lesen kriegte, auch bereits einige Gott fürchtende Menschen, unter welchen Christian Fenda und Frau Baurin, sich dorthin zu transportiren entschlossen, und allschon zusammengepackt hatten,*) entstund eine nicht geringe Begierde bey mir, in ihrer Gesellschaft mit über zu segeln und daselbst nach überdrüssig gesehenen und gekosteten europäischen Eitelkeiten nebenst ihnen ein still und christlich Leben zu führen. Verehrte und schickte derowegen meine Bücher u. s. w. an meinen Bruder Joh. Samuel und erlangte endlich nach mehrmaliger Briefwechslung meines verehrten Vatters Verwilligung, sammt 250 Rthlr., worauf ich dann nach Krisheim reisete und mich sofort ganz reisefertig machte."

Frankfurt verließ Pastorius den 2. April; in Cöln sah er David van Enden, Daniel Mitz und Dozen, den Consul des Königs von Dänemark. Letzterer, auf welchen William Penn im Jahre 1677 einen großen Eindruck gemacht hatte, bezeugte Lust, mit nach Amerika zu gehen, aber seine Frau wollte nicht einwilligen; jetzt führe sie in ihrem Wagen, meinte sie, von einem Hause zum andern, in Amerika müßte sie vielleicht nach dem Vieh sehen und ihre Kühe selbst melken.

Am 11. April kam er nach Urdingen und ging von da zu Fuß nach Crefeld; dort sprach er mit Dennis Kunders und dessen Frau, mit Dirk, Hermann und Abraham op den Gräff, die mit anderen Crefeldern sechs Wochen später ihm übers Meer folgten.

„Am 16. April," erzählt er weiter, „kam ich nach Rotterdam, wohnte bei unserer Freundin Mariette Vettekuke, sah hier Benjamin Furly, Peter Hendricks, Jacob Telner rc. Am 4. Mai segelte ich von Rotterdam ab und kam den 8. in London an. Mit einem Häuflein Auswanderer, nämlich Jacob Schumacher, Georg Wertmüller, Isaac Dilbeck, dessen Frau Mariette und zwei Buben, Abraham und Jacob, Thomas Gasper, Conrad Bacher (alias Rutter) und einer englischen Magd, Frances Simpson, fuhr ich am 6. Juni von Gravesend ab auf dem Schiff „Amerika," dessen Capitain Joseph Wasey war, langte den 7. in Deal an, verließ England den 10. und sah den 16. August diese neue Welt. Den 18. liefen wir in Delaware Bay ein und kamen den 20. nach Philadelphia."

Die hier genannten Personen waren nicht Colonisten, sondern ge-

---

*) Sie wanderten schließlich doch nicht aus. Die Frau Bauer (von Eiseneck) war 1677 die Hausgenossin des Fräuleins von Merlau und wurde mit William Penn persönlich bekannt.

dungene Leute, von denen einige indessen Grundbesitzer in Germantown wurden. In dem Waliser Thomas Lloyd, einem Quäker, fand Pastorius einen Reisegenossen, der ganz nach seinem Herzen war. Da der Eine nicht deutsch, der Andere nicht englisch sprach, so diente ihnen die lateinische Sprache, deren Beide mächtig waren, zur Verständigung und es knüpfte sich zwischen ihnen ein Freundschaftsband, das nur der Tod trennte. Thomas Lloyd wurde in Pennsylvanien zu hohen Aemtern (Präsidium des Provinzialraths und anderen) berufen. Er starb schon 1694.

Als unser Doctor beider Rechte „nach überdrüssig gekosteten europäischen Eitelkeiten" in die Stadt der Bruderliebe eintrat, bestand diese erst aus wenigen nothdürftig hergerichteten Wohnungen. „Das Uebrige," bemerkt er, „war Wald und Gestrüpp, worin ich mich mehrere Male verlor, auf keiner größeren Entfernung als vom Ufer bis zum Hause meines Freundes, Wm. Hudson, worin damals ein holländischer Bäcker, Namens Cornelius Bom, wohnte. Was für einen Eindruck solch eine Stadt auf mich machte, der ich eben London, Paris, Amsterdam und Gent besucht hatte, brauche ich nicht zu beschreiben."

Von William Penn, der in Philadelphia etwa 9 Monate vorher angelangt war, wurde Pastorius mit „liebevoller Freundlichkeit" empfangen. Penn's Sekretär, Philipp Theodor Lehnmann, ein Sohn des sächsischen Generalpächters Johann Georg Lehnmann, machte mit ihm „vertrauliche Brüderschaft."

„Auch lässet mich," erzählt Pastorius, „der Herr Gouverneur zum öfftern an seine Tafel berufen und seiner erbaulichen Discursen genießen. Da ich letzthin acht Tage abwesend war, kam er selbst, mich zu besuchen und hieß mich wochendlich 2 mahl zu seiner Tafel kommen und contestirte gegen seinen Räthen, daß er mich und die Hoch-teutsche sehr liebete und wolte haben, daß sie dergleichen auch thun solten (Pastorius Beschreibung von Pennsylvanien).

Von seinem ersten Nothhause in Philadelphia berichtet er:

„Ich hatte zuvor in Philadelphia auch ein Häuslein gebaut, 30 Schuh lang und 15 breit, dessen Fenster wegen Mangel des Glases von Oel getünchtem Papier waren; über die Hausthür hatte ich geschrieben:

Parva domus sed amica Bonis, procul este Prophani.
(D. i.: Klein ist mein Haus, doch Gute sieht es gern,
Wer gottlos ist, der bleibe fern.)

worüber unser Gouverneur, als er mich besuchte, einen Lacher aufschluge und mich ferner fortzubauen anfrischete."

Die Gründung von Germantown.

Nachdem die „Concord" am 6. October die sehnlich erwarteten deutschen Einwanderer gebracht hatte, galt es, rasch ans Werk zu gehen und neue Heimstätten für sie zu bereiten. Schon verkündete das theils hochroth gefärbte, theils welkende Laub den Anzug des Winters. Nicht mehr lange reichte das vorläufige Obdach aus, zu welchem die Ankömmlinge in der Noth des Augenblicks ihre Zuflucht nahmen.

Die erste Aufgabe war, den Platz für die Niederlassung zu wählen und hierbei stießen die Einwanderer auf unerwartete Schwierigkeiten. Sie hatten geglaubt, ihr ganzes Grundeigenthum von 43,000 Acker in einem Stücke an einem schiffbaren Flusse wählen zu dürfen, aber darin wurde ihnen nicht gewillfahrt. Penn bot ihnen am Schuylkill etwa 8 Meilen oberhalb der Stadt, wo jetzt Manayunk liegt, eine Strecke Landes an; dies wurde wegen allzu unebnen Terrains („seiner hohen Gebürg halber") abgelehnt. Darauf einigte man sich über das weiter landeinwärts gelegene und flachere Gebiet, worauf Germantown erbaut ist; ein Theil dieses Landes reichte bis an den Schuylkill; als aber das nächste Jahr auf Penn's Anordnung das Land neu vermessen wurde, mußten die Deutschen es sich gefallen lassen, daß der an den Fluß grenzende Strich, etwa 1000 Acker enthaltend, abgeschnitten wurde. Die Größe des Gebiets, welches nunmehr die "German Township" hieß, betrug 5700 Acker, also etwas über 8⅞ englische Quadratmeilen; es erstreckte sich aber weit mehr in die Länge als in die Breite und reichte noch über den obern Lauf des Wissahickon, jenseits von Chestnuthill, hinaus.

Von diesen 5700 kamen nur 2675 Acker auf den Antheil der Frankfurter Gesellschaft. In der Stadt Philadelphia, wo die Bauplätze, damals Loose (lots) genannt, so ziemlich alle vergeben waren, erhielt Pastorius für die Gesellschaft drei volle Stellen (102 Fuß breit und 400 Fuß tief) im südlichen Theile der Front und Zweiten Straße, die ursprünglich für William Penn's Sohn bestimmt waren. — Auch erwähnt Pastorius 300 Acker in den sogenannten „Freiheiten" gelegen. Es war dies ein Gebiet, das nördlich an die Stadt grenzte und von Fluß zu Fluß reichte. Nach Holme's Karte lag dies Eigenthum der Frankfurter Gesellschaft in der Nähe des Schuylkill, nicht weit von der Mündung des Wissahickon.

Pastorius berichtet in dem zuvor erwähnten Briefe: „Ich habe auch für meine Hoch-Teutsche Societät 15,000 Morgen Ackers an einem Stucke zuwegen gebracht, mit der Condition, daß sie innerhalb Jahresfrist 30 Haushaltungen wirklich stellen sollen; also, daß wir Hoch-Teutsche eine separate kleine Provintz erhalten und uns von aller Unterdrückung desto mehr versichert halten können." Dies Land von 15,000 Acker ist aber nie angewiesen worden. Ob der Plan daran scheiterte, daß sich binnen Jahresfrist keine 30 Haushaltungen einfanden, um es zu occupiren, oder an einem andern Umstande, ist uns nicht bekannt. Die von Pastorius erwähnte Bedingung stimmt übrigens nicht mit dem am 11. Juli 1681 von William Penn zur allgemeinen Kenntniß gebrachten Vorbehalte überein, wornach für jede 1000 Acker zusammenliegenden Landes innerhalb dreier Jahre die Niederlassung einer Familie verlangt wurde.

Mit der Wahl und Besitznahme des Landes von Germantown wurde nicht lange gezögert. Am 6. October waren die Einwanderer gelandet, am 8. entschieden sie sich für den Ort ihrer Niederlassung, am 24. fand die Vermessung statt, am 25. verloosten sie die Baustellen und fingen an, die Keller auszugraben.

Noch vor Eintritt der kalten Jahreszeit waren die „Hütten" fertig, worinnen sie den Winter „nicht ohne Beschwerlichkeit zubrachten."

Es war eine Zeit schwerer Prüfung. Es fehlte an Allem, was das Leben erträglich macht, vornehmlich an Lebensmitteln. In einem Anflug von Galgenhumor schlugen Einige vor, die neue Stadt nicht Germantown, sondern Armentown zu nennen. William Penn ermunterte die Ansiedler, den Muth nicht sinken zu lassen und leistete ihnen Hülfe. Am Ende siegte Beharrlichkeit über alle Hindernisse. Pastorius bemerkt über diese Zeit: „Und mag weder genug beschrieben noch von denen vermöglichern Nachkömmlingen geglaubt werden, in was Mangel und Armuth, anbey mit welch einer Christlichen Vergnüglichkeit und unermüdlichem Fleiß diese Germantownship begunnen sey." (Pastorius Ansprache im Grund- und Lagerbuche.)

Im Winter von 1683 bis 1684 waren also die ersten Heimstätten der Deutschen unter mancherlei Noth und Beschwerde hergestellt worden. Es verging nun kein Jahr, ohne daß neue Ankömmlinge die kleine Niederlassung verstärkten, sie kamen aus Crefeld, aus Mühlheim und Krisheim (Kriegsheim bei Worms), aus weiteren Kreisen des westlichen Deutschlands und aus Holland.

Ein Hauptmotiv dieser Auswanderung nach Pennsylvanien war die daselbst gewährleistete Freiheit in der Ausübung der Religion. Lange, ehe Friedrich der Große das oft angeführte und belobte Wort über Religionsduldung in seinem Staate sprach, hatte William Penn aufs entschiedenste verkündet, daß in seiner Provinz Niemand seines Glaubens halber belästigt werden solle.

Und diese frohe Botschaft galt nicht allein den Verfolgten in England; er hatte den Mennoniten auf dem Continente eine warme Einladung gegeben mit der Versicherung, daß sie ihm in Pennsylvanien willkommen sein würden; Alle, welche in Deutschland ihres Glaubens halber mißhandelt wurden, sahen sehnsüchtig nach der Freistätte, die William Penn, der begeisterte Apostel der Glaubensfreiheit, in Pennsylvanien eröffnet hatte.

In wenigen Jahren hatten sich die Bewohner von Germantown so vermehrt, daß zu einer endgültigen Verfügung über den Bodenbesitz geschritten werden konnte. Zunächst theilte man das ganze Gebiet in 4 Ortschaften, die folgendes Areal hatten:

Germantown . .	2750	Acker.
Krisheim . . .	884	"
Sommerhausen . .	900	"
Crefeld . . .	1166	"

Diese Orte lagen alle an derselbe Landstraße und zwar so, daß Germantown die südlichste, Philadelphia am nächsten gelegene, Abtheilung bildete. Von dem Lande gehörten:

Der Frankfurter Compagnie .	2675	Acker.
Den Crefeldern Käufern .	2675	"
Franz Daniel Pastorius .	200	"
Georg Hartzfelder . .	150	"

Das Land der Frankfurter Gesellschaft vertheilte sich auf die einzelnen Mitglieder, wie folgt:

Jacob Van de Walle . .	535	Acker.
Johann Jacob Schütz .	428	"
Joh. W. Ueberfeld . .	107	"
Daniel Behagel . .	356⅔	"
Georg Strauß	178⅓	"
Johann Laurentz . .	535	"
Abraham Hasevoet . .	535	"
	2675	Acker.

Von den Crefeldern erhielten:

Jacob Telner	. . . .	989 Acker.
Jan. Strepers	. . . .	275 "
Dirk Sipman	. . . .	588 "
Govert Remke	. . . .	161 "
Lenert Arets	. . . .	501 "
Isaak Jacob Van Bebber	.	161 "
		2675 Acker.

Die Vertheilung der 2750 zu Germantown gehörigen Acker Landes wurde am 29. December 1687 und den nächstfolgenden Tagen vorgenommen, das Land der übrigen Ortschaften am 4. April 1689 an die Käufer und Erbpächter ausgeloost.

Das Stadtgebiet von Germantown zerfiel in 55 gleiche Theile von je 50 Acker. Um aber in Folge günstiger und ungünstiger Lage einen zu großen Unterschied des Werthes zu vermeiden, erhielt Jeder nur einen Theil seines Landes im mittleren Stadtgürtel, den übrigen in den sogenannten side lots, die nördlich und südlich davon lagen.

Die folgende Namenliste ist die der Besitzer im Jahre 1689 und zwar nach der wirklichen Reihenfolge in der Richtung von Süden nach Norden. Bei den Namen Solcher, die nur einen halben Antheil (25 Acker) oder mehr als einen ganzen besaßen, ist dies durch beigesetzte Zahlen angemerkt. Einige, deren Namen wiederholt sind, hatten Antheile an verschiedenen Stellen.

Westlich von der Hauptstraße: Jan Strepers, Dirk Op den Graeff, Herman Op den Graeff, Abraham Op den Graeff, Jan Simens, Paul Wulff, Johannes Bleikers, die Frankfurter Compagnie 2, Jacob Schumacher, Jacob Isaacs van Bebber, Jacob Telner, Heifert Papen, Jacob Jansen Klümges, Cornelius Sieverdts, Hans Peter Umbstat, Peter Schumacher 2½, Jacob Telner, Georg Hartzfelder 1½, Claus Tamson, Hans Milan, Heinrich Frey 1½, Johannes Kassel, Abraham Op den Graef ½, Aret Klincken 2, Johann Silaus ½, zusammen 27½ Theile.

Oestlich von der Hauptstraße: Peter Keurlis, Tünes Kunders, Jan Lensen, Lenert Arets, Reinert Tisen, Jan Lücken, Abraham Tünes, Gerhard Henrichs 2, David Scherkges, Walter Simens, Dirk Kolck, Wiggart Levering, Hermann v. Bon, Gerhard Levering, Heinrich Sellen, Isaak Schefer, Heinrich Buchholtz, Frankfurter Compagnie 1½, Cornelius Bom, Isaac Dilbeck ½, Ennecke Klostermann, Jan Doeden ½,

Andreas Souplis, William Ruttinghusen, Klaus Ruttinghusen, Dirk Keyser, Wilhelm Strepers. Wiederum 27½ Theile.

Dies waren also die ersten Landbesitzer von Germantown, und zwar hatten sie theils von der Frankfurter Gesellschaft, theils von den Crefeldern gekauft. Der Verkauf des Landes war indessen nicht immer für baares Geld; die Frankfurter namentlich sicherten sich in vielen Fällen als Aequivalent die Zahlung der „Erbpacht," die auf dem Lande beim Wiederverkauf haften blieb, bis sie abgelöst wurde. Dieselbe betrug für 50 Acker „zwei Reichsthaler."

Das Areal von Germantown (5700) Acker absorbirte nur einen geringen Theil des Landes, das die Crefelder und Frankfurter käuflich erworben hatten (43,000 Acker). Da die Crefelder sich nicht durch gegenseitige Verpflichtungen die freie Verfügung über ihr Besitzthum erschwert hatten, so verfuhr jeder Einzelne mit seinem Anspruche, wie er es für gut fand, Telner und Van Bebber nahmen Land am Skippach, Jan Streper's Erben verkauften ihr Land an James Logan u. s. w.

Die Frankfurter Gesellschaft that mit ihrem restirenden Anspruche Nichts bis zum Jahre 1701. Mehrere Mitglieder, nämlich Dr. Schütz, Jacob van de Walle, Daniel Behagel und Thomas von Wylich waren gestorben und ihre Rechte auf ihre Erben übergegangen. Als Pastorius im Jahre 1700 darauf bestand, daß ihm die Verwaltung, deren er längst überdrüssig war und für die er, so unglaublich es klingt, nicht die geringste Vergütung erhielt, abgenommen werde, ernannten die Mitglieder der Gesellschaft, nämlich Catharine Elisabeth Schütz, Maria Van de Walle, Behagel's Erben, Johann Kembler, Balthasar Jawert, Johann Wilhelm Petersen, Gerhard von Mastricht, Johann Lebrün und Maria von Wylich folgende Personen zu seinen Nachfolgern: Daniel Falckner, Johann Kelpius und Johann Jawert. Die Wahl war, ausgenommen soweit sie den Letzten, einen Sohn Balthasar Jawert's, betraf, keine glückliche zu nennen. Kelpius und Falckner waren in Deutschland Candidaten der Theologie gewesen und hatten sich 1694 mit andern seltsamen Schwärmern, die vom Anbruch des 1000jährigen Reiches Christi träumten, nach Pennsylvanien begeben. Wahrscheinlich hatten sie zu Mitgliedern der Frankfurter Gesellschaft, die sich ähnlichen Speculationen hingaben, in vertrauten Beziehungen gestanden. Kelpius lebte von der Welt abgeschieden als Einsiedler am Wissahickon und nahm nicht die geringste Notiz von seiner Ernennung, Falckner aber machte von der ihm ertheilten Vollmacht einen Gebrauch, der auf seinen Charakter einen sehr dunklen Schatten wirft.

Am 25. October 1701 ließen sich nämlich Falckner und Jawert das der Frankfurter Gesellschaft kraft ihres Kaufes noch zustehende Land am Manatawny, der bei Pottstown in den Schuylkill fließt, anweisen. Es war eine Strecke von 22,025 Acker, im nordwestlichen Theile von Montgomery County, in welcher ein großer Theil von Pottsgrove Township, das ganze Neu-Hanover Township und ein Theil von Upper Hanover begriffen war. Im Jahre 1708 erhielt einer der Agenten, Johann Jawert, ein Angebot für das Land von Johann Heinrich Sprögel, das er als zu niedrig ausschlug, worauf Sprögel ihn mit einem Douceur von 100 Pfund geschmeidiger zu machen versuchte. Der ehrliche Jawert wies die Bestechung entrüstet ab. Nicht lange darauf wurde der Verkauf dennoch vollzogen und zwar durch den andern Bevollmächtigten, Daniel Falckner, welcher jenem Sprögel Geld schuldig war. Wie aus der registrirten Verkaufs-Urkunde hervorgeht, betrug der Kaufpreis 500 Pfund Pensylvanischen Geldes (1333⅓ Dollars). Hierüber beschwerte sich J. Jawert bitterlich und, wie es scheint, mit Recht, da seine Zustimmung weder eingeholt noch erfolgt war. Die Sache liegt nicht ganz klar vor uns. Frau E. Schütz hatte ihren Antheil wirklich an Daniel Falckner, Arnold Storck und Georg Miller verkauft, aber von einer vorangehenden Veräußerung der übrigen Ansprüche wissen wir Nichts.

Der Schrecken in Germantown war groß, als im Januar des nächsten Jahres Joh. H. Sprögel durch einen gerichtlichen Hocuspocus — fictio juris nennt Pastorius die Procedur — einen Aussetzungsbefehl gegen viele Ansiedler erhielt. Diese liefen Gefahr, von Haus und Hof vertrieben zu werden, wenn nicht eiligst Rath geschafft wurde.

Wie die erschrockenen Küchlein, wenn der Habicht herabschießt, unter den Flügeln der Henne Schutz suchen, so eilten die bedrohten Colonisten zu ihrem bewährten Freunde Pastorius. Am 22. Februar begab sich dieser nach Philadelphia, um die nöthigen Schritte zu thun, namentlich, um einen kundigen Rechtsanwalt zu consultiren. Neuer Schrecken! Der Feind hatte auch diesen Weg blockirt. „Ich fand," erzählt Pastorius, der in der Aufregung sein Deutsch vergißt, „daß alle lawyers gefeet waren." Es gab nämlich damals in der ganzen Provinz Pennsylvanien nur 4 Advokaten und diese hatte Sprögel bereits für sich engagirt. Zu arm, um Rechtsbeistand aus New York herbeizuziehen, wandte sich Pastorius an seinen Freund, James Logan, den verdienstvollen Staatsmann und Gelehrten. Dieser rieth ihm, die ganze Sache mit beglaubigten Abschriften der Gerichtsverhandlungen in Form einer Petition vor den Provinzialrath zu legen. Das geschah, und ein ähnliches Schreiben sandte Johannes Jawert ein. Der Rath überzeugte sich, daß ein „abscheuliches Complot" vorliege und gewährte die erbetene Rechtshülfe, indem er den in Eile gewährten Aussetzungsbefehl inhibirte.

Das machte indessen den Verkauf des Gesellschaftslandes an Sprögel nicht rückgängig, und so finden wir denn, daß der ausgedehnte Grundbesitz, den sich die Frankfurter 1682 durch Kauf von William Penn mit so hohen Erwartungen und Entwürfen gesichert hatten, zu mehr als sieben Achteln in die Hände eines glücklichen Speculanten überging. Die Ansiedler auf diesem Grund und Boden waren nichtsdestoweniger Deutsche; schon zu Anfang des vorigen Jahrhunderts gab es im sogenannten Falckner Swamp (es ist indessen keineswegs Sumpfland) deutsche Niederlassungen, wie Neu-Hanover, wo noch heutzutage die deutsche Zunge klingt.

Die neue Heimath.

In wenigen Jahren arbeitete sich das fleißige Volk von Germantown aus dem Gröbsten heraus und die neue Ansiedelung erwarb sich durch ihr freundliches Aussehen und den gewerblichen Fleiß der Bewohner weit und breit einen guten Leumund.

Durch die Mitte der Stadt lief eine 60 Fuß breite Straße, die mit Pfirsichbäumen eingefaßt war. Jedes Wohnhaus hatte einen Gemüse- und Blumengarten, der 3 Acker maß. Eine Querstraße, 40 Fuß breit, durchschnitt die Hauptstraße und am Kreuzungspunkte befand sich der Marktplatz. Die Feldmark lag nördlich und südlich von der Stadt.

Bald waren die Früchte, welche das ergiebige Erdreich lieferte, hinreichend, die geringen Bedürfnisse der Bewohner zu befriedigen. Was sie von dem gezogenen Getreide nicht selbst verzehrten, vertauschten sie gegen andere nützliche Artikel. Selbst ein Handel mit dem Auslande kam schon sehr früh in den Gang; das von den Indianern gekaufte Pelzwerk ging nach England, Getreide und Vieh nach Barbadoes. Dafür erhielt man Zucker, Syrup, Salz, Branntwein.

Gewiß war es den Rheinländern eine freudige Ueberraschung, als sie fanden, daß die Weinranke in Pennsylvanien wild wuchs, die Bäume des Waldes umschlingend. Schon bald nach ihrem Eintreffen dachten sie daran, auch hier, in ihrem neuen Vaterlande, Reben zu ziehen und mit dem Ansuchen um Feld- und Gartensämereien verband Pastorius 1684 den Auftrag, „Weinsezer" herzuschicken. So viel versprach man sich vom Weinbau, daß die Traube im Rathssiegel von Germantown einen Ehrenplatz erhielt.

Ein anderes Gewächs, das in Germantown mit Vorliebe gezogen wurde, war der Flachs, woran sich die Bearbeitung desselben durch Spinnen und Weben schloß. Pastorius versichert, daß das Erblühen der jungen Stadt vornehmlich diesem Industriezweige zu verdanken sei. „Die Inwohner dieser Stadt," sagt er an einer andern Stelle, „sind meistentheils Handwerksleute, als Zeug-, Barchet- und Leineweber, Schneider, Schuster, Schlosser, Zimmerleute, die aber alle zumahl auch mit Ackerbau und Viehzucht versehen sind."

Um die in Germantown angefertigten Stoffe abzusetzen, diente das der Frankfurter Gesellschaft in Philadelphia zugehörige Kaufhaus, über welches Pastorius die Oberaufsicht führte. Hier lagen schon ein Jahr nach der Ankunft unserer Deutschen die Producte ihres Gewerbfleißes zum Verkauf aus, und der Bericht über die erste Saison lautet wie folgt:

„Es ist den 16ten November (1684) zu Philadelphia Jahrmarkt gewesen, da aber in der Societät Kauffhause wenig über 10 Thaler gelöset worden, aus vorgedachtem Geldmangel und weilen die Neu-Ankommenden aus Teutsch- und Engelland meistentheils so viel Kleider mit sich bringen, daß sie in einigen Jahren nichts bedürffen."

Bald verbreitete sich der Ruf der guten gewobenen Stoffe von Germantown und die Nachfrage war reichlich. Es geschieht dieser frühen heimischen Industrie bereits Erwähnung in einem neuerdings der Vergessenheit entzogenen Gedicht von Richard Frame, das William Bradford 1692 unter dem Titel: "A short description of Pennsylvania" gedruckt hat. Diese in niedliche Knittelverselein gebrachte Beschreibung des neuen Landes, läßt sich über „Die deutsche Stadt" folgendermaßen aus:

"The German Town, of which I spoke before,
Which is at least in length one mile and more,
Where lives *High German* People and *Low Dutch*,
Whose trade in weaving Linnin Cloth is much:
There grows the Flax etc."

Auch die Strumpfweberei wurde mit entschiedenem Erfolge betrieben, und die Strümpfe von Germantown hielten sich lange Jahre im Philadelphier Markt als ein gesuchter und willkommener Artikel.

Bemerkenswerth ist es, daß dieser kleinen Ansiedelung die Ehre zufiel, die erste Papiermühle in den Colonien errichtet zu haben. Aus Holland wanderte nämlich Wilhelm Ruttinghuysen (Rittenhouse), dessen Vorfahren schon in Arnheim die Papierfabrication betrieben hatten, mit seinen zwei Söhnen Claus und Gerhard ein und legte an einem Bache, der in den Wissahickon fließt, eine Papiermühle an. Das Papier war von vorzüglicher Güte und das Geschäft erhielt unter Claus Rittinghuysen's Leitung einen bedeutenden Aufschwung.

So waren die deutschen Einwanderer in kurzer Zeit dahin gelangt, an dem Platze, den sie sich zur Heimath erkoren und eingerichtet, die gewohnte Werkthätigkeit des Vaterlandes ins Leben zu rufen und sich der jungen Colonie William Penn's als nützliche und geachtete Glieder einzureihen. Das Saatfeld hatte den Wald gelichtet, Einfriedigungen durchschnitten als Wehr und Grenzscheide die Feldmark, freundliche Wohnungen, mit Sitzbänken zu beiden Seiten der Thür, umschlossen Familien, bei denen Frohsinn wieder eingekehrt war, in den Gärten mischte sich der Duft deutscher Blumen, aus mitgebrachten Sämereien entsprossen, mit dem der einheimischen; Weinrebe und Bienenstock verhießen die Würze, deren sich die Altväter erfreut hatten. Wo wenige Jahre zuvor noch des Waldes Schweigen geherrscht, da schwirrte das Weberschifflein, da pochte der Hammer, da summte der friedliche Lärm der Werkstatt, da ertönte das deutsche Wort zwischen Alten und Jungen, da jauchzten blauäugige Kinder, die während ihrer unerhört langen Ferien den Eltern bei der Arbeit gerne halfen.

Pastorius aber, unter dessen Augen und Aufsicht diese Umwandlung vor sich gegangen war und der wohl einsah, daß der Fortschritt und das Gedeihen der jungen Colonie so ganz und gar auf dem Fleiß der Hände und der Bethätigung praktischer Kenntnisse beruhte, dachte oft kopfschüttelnd an seine Universität-Studien, an die Zeit, die er auf Metaphysik und Pandekten verwendet hatte, und wie nutzlos ihm aller gelehrte Krimskrams in seiner neuen Sphäre war. Seinen Freunden, die ihre Kinder nach Amerika schicken wollten, rieth er daher, diese zur Erlernung eines Handwerkes anzuhalten. Daran schließt er folgenden Stoßseufzer, der von deutschen „Lateinern" hier zu Lande in tausendfachen Variationen wiederholt worden ist:

„Ich selbsten gebe sofort etliche 100 Reichsthaler darum, daß ich die köstliche Zeit, welche ich zu Erlernung der Sperlingischen Physik, Metaphysik und anderen unnöthigen sophistischen Argumentationibus und arguitionibus angewendet, uff Ingenier-Sachen und Buchdruckerey-Kunst gekehret hätte, welches mir nun mehr zu statten kommen, ja mir und meinen Neben Christen nützlicher und ergetzlicher fallen sollte, als sothane Physic, Metaphysic und alle Aristotelische Elenchi und Syllogismi, durch welche kein wilder Mensch oder Unchrist zu Gott gebracht, viel weniger ein Stück Brodes erworben werden kann."

Die Wilden.

Es läßt sich denken, wie gern man sich in der alten Heimath von der neuen Provinz jenseits der großen Wasserwüste, von dem merkwürdigen in nebelhafter Ferne „in denen Endgränzen Amerikas gelegenen" Lande erzählen ließ. Nichts aber scheint die Phantasie der Deutschen lebhafter beschäftigt zu haben, als die groteske Staffage der rothhäutigen Wilden. Unter den Fragen, welche Daniel Falkner in seiner „Curieusen Nachricht von Pennsylvanien," gedruckt 1702, zu beantworten hatte, beziehen sich sehr viele auf die Indianer und auch Pastorius mußte in seinen Briefen den Freunden daheim recht viel von den Wilden erzählen. Wir aber mögen mit ähnlicher wohl entschuldbarer Neugier zu wissen begehren, welchen Eindruck der amerikanische Naturmensch auf den Deutschen machte und wie die eingewanderten Rheinländer mit dem „Stoiker des Waldes" fertig wurden.

Die Indianer, zum Stamme der Delawares oder Lenni-Lenape gehörig, waren im Ganzen ein friedsames, gutgeartetes Volk, das in Folge der freundschaftlichen Behandlung, die es von Wm. Penn erfuhr, für die Weißen günstig gestimmt war. Zwischen ihnen und den Deutschen entspann sich ein recht freundliches Verhältniß. Bei der verbreiteten und zum Theil auch wohlbegündeten Ansicht, daß der Indianer zu der Arbeit des civilisirten Lebens weder Neigung noch Geschick habe, ist es eine auffallende Erscheinung, daß in Germantown Indianer für Deutsche arbeiteten. Pastorius meldet ausdrücklich: „Im mittelst gebrauchen wir uns der wilden Leute zu Taglohns Diensten, erlernen allmälig ihre Sprache und bringen ihnen nach und nach die Lehre von Christo bei."

Sehr günstig urtheilt Pastorius über die naturwüchsige Frömmigkeit der Indianer; wo er diese im Punkte der Religion mit den Civilisirten vergleicht, ziehn die letzteren gewöhnlich den Kürzeren. Sein Wilder ist gewissermaßen das Prototyp des „Kanadiers, der noch Europas übertünchte Höflichkeit nicht kannte.“ Die tendenziöse Schärfe seiner Darstellung, die nicht selten an die Farben erinnert, womit Tacitus das Bild der Deutschen für seine Römer malte, hatte ihren Grund vielleicht in der gereizten Stimmung der Pietisten und Sekten gegen die herrschenden Kirchen. So sah denn Pastorius in einem guten Indianer einen weit respectableren Menschen als in einem gewöhnlichen „Maulchristen.“

„Sie befleißigen sich einer aufrichtigen Redlichkeit,“ sagt er, „halten genau über ihren Versprechen, betriegen und beleidigen niemanden; sie beherbergen die Leute gerne und sind ihren Gästen dienstfertig und treu.“ Dann schildert er das frugale Mahl der Wilden, das aus gekochtem Kürbiß „ohne Butter und Gewürze“ bestand, wobei der Erdboden die Tafel, Muschelschalen die Löffel, des nächsten Baumes Blätter die Teller waren, und schließt mit der Betrachtung: „Ich dachte bey mir, diese wilden Leute haben die Lehre Jesu von der Mäßigkeit und Vergnügsamkeit ihr Lebtag nicht gehört und thun es doch denen Christen weit zuvor.“

„Sie sind sonsten ernsthafft und von wenigen Worten, verwundern sich, wenn sie bei den Christen ein so überflüssig Geschwätz nebst andern leichtfertigen Reden wahrnehmen. — — — Sie sind in unsern Versammlungen sehr still und andächtig, daß ich gäntzlich glaube, sie werden dermaleins an jenem großen Gerichtstage mit denen von Tyro und Sidon auftretten und viel tausend falsche Nahmen- und Maul-Christen beschämen. — — Sie bauen um ihre Hütten herum Indianisch Korn und Bonen, aber umb weitläufftigen Feldbau und Viehzucht sind sie unbekümmert, verwundern sich vielmehr, daß wir Christen umb Essens und Trinkens, auch bequemlicher Kleidung und Wohnunge Willen so vielfältig bemühet und bekümmert sind, als zweiffelten wir, daß uns Gott nicht versorgen und ernähren könnte.“

Folgende Mittheilung, die in einem Bericht an die Frankfurter Gesellschaft aus dem Jahre 1684 vorkommt, hat in Deutschland sicherlich Sensation erregt.

„Ich war jüngst an unsers Gouverneurs William Penn's Tafel, allwo auch ein wilder König sich befande, zu deme sagte William Penn, daß ich ein Hochteutscher, und also der Allerferneste von ihnen entlegen wäre. Dieser kam nun etliche Tage hernach mit seiner Königin gen Germantown, mich zu besuchen, deme ich nach Vermögen auffwartete, und auch denen Seinigen mit Speiß und Trank begegnete, die dann alle sämtlichen eine merckliche Gegenliebe gegen mich verspüren liessen und mich Carissimo (das ist Bruder) nenneten."

Dies Carissimo muß ihm wohl in den Ohren geklungen haben, als er bei einer andern Gelegenheit bemerkte: „Ihre Nationalsprache ist sehr gravitätisch und kommt in der Pronunciation der italienischen fast gleich, doch — setzt er sehr naiv hinzu — sind es gantz andere unbekannte Wörter."

Das Aussehen und die Sitten der Indianer werden an vielen Stellen beschrieben. Hier nur Weniges im Auszuge:

„So viel die Wilden anbelangt, so sind solche insgemein starcke, hurtige und gelencke Leute, schwartzlecht vom Leibe; sie gingen anfänglich nackend und hatten nur die Scham mit etwas Tuch bedecket. Nun beginnen sie Hembder zu tragen, sie haben insgemein kohlschwartze Haare, bescheren das Haupt, schmieren dasselbige mit Fett und lassen an der rechten Seiten einen langen Zopf wachsen. Sie bestreichen auch die Kinder mit Fett und lassens an der Sonne kriechen, damit sie rußfärbig werden, die doch sonst von Natur weiß genug wären."

Die abenteuerliche Vermuthung, daß die Indianerkinder an der Sonne im aufgestrichenen Fett braun schmoren, ist nicht in dem Kopfe unseres deutschen Gelehrten entstanden. Schon vor ihm hat Thomas (Account of Pennsylvania, 1698, p. 46) der Welt dieselbe Geschichte aufgebunden.

Der gute Eindruck, den die Indianer — scherzweise nennt er sie die „unwilden Wilden" — anfangs auf ihn gemacht, verlor sich nicht mit der Zeit. Zehn Jahre nach seiner Ankunft im Lande schreibt er: „Sie leben viel vergnügter und sorgloser für den künfftigen Morgen als wir Christen. Sie vervortheilen Niemand im Handel und Wandel Sie wissen auch nichts von dem uns so genau anklebenden hoffärtigem Wesen und Kleidermode. Sie fluchen und schwören auch nicht, sind mäßig in Speiß und Trank und wenn sich einer bißweilen vollsaufft, so sind gewöhnlich die Maulchristen daran schuldig, die um ihres vermaledeyten Eigennutzes willen denenselben starkes Getränk verkauffen. Ich habe in meiner zehnjährigen allhiesigen Anwesenheit noch nie gehört, daß sie einigem Menschen Gewalt anzuthun versuchet, vielminder Jemanden ermordet hätten, da sie doch nicht nur dergleichen zu vollbringen, sondern auch in dem dicken und großen Walde zu verbergen, offtmalige Gelegenheit hätten. — — — Diesen Heydnischen Tugenden e diametro zuwider, suchen unsre Mundchristen ihre Lust im Fressen und Sauffen, Spielen, Fleisches-Lust, im Wucher, Betriegen, Neyden, Fluchen und Streiten." —

Ueber die Weiber läßt er sich folgendermaßen aus: „Das Weibsvolk ist leichtsinnig, verschwätzt und hoffärtig, binden ihre Haare mit einem Knopf zusammen, haben hohe Brüste und schwartze Hälse, die sie, wie auch die Ohren und Armen mit ihren Müntz-Corallen behencken und zieren; indem die Männer dem Wild nachsetzen, so sähen die Weiber Bohnen und stecken Türkisch Korn. Ihre Kinder lieben sie hefftig, binden solche, sobald sie geboren werden, auff Schindeln; wann sie weinen, so bewegen sie solche geschwind hin und wieder und stillen solche; und ob sie schon noch gering sind, so tauchen sie doch solche in die warmen Flüsse, damit sie desto ehender erstarken mögen. In ihrer Kindheit müssen sie Fische fangen mit Angeln, darnach, wenn sie besser erstarken, so üben sie sich im Jagen. Die Jungfrauen, so da mannbar sind, bedecken das Gesicht und zeugen damit ihr Gemüth an zum heyrathen."

In demselben Bericht werden einige Gebräuche der Indianer beschrieben. „Wann sie singen," erzählt Pastorius, „so tantzen sie umb den Kreiß herumb, da in der Mitten zwey vortantzen und blöcken ein Trauergesang daher; der gantze Chor führet ein kläglich Geschrey, weinet darzu, bald knirschens mit den Zähnen, bald schnellens mit den Fingern, bald strampflens mit den Füßen und solches lächerliche Schauspiel verrichten sie gantz eyfferig und ernstlich. Wann sie krank sind, so essen sie von keinem Thier so nicht ein Weiblein ist. So sie ihre Todten begraben, werffen sie was Kostbares mit in das Grab, damit sie zu verstehen geben wollen, daß ihr geneigter guter Will gegen solche nicht absterbe."

Nicht ganz übereinstimmend mit der gerühmten Redlichkeit des kupferrothen Menschen ist ein Gaunerstreich, den „ein arglistiger Wilder" dem Deutschen zu spielen versuchte. Pastorius hatte einen Puter erhandelt, erhielt aber statt dessen einen Adler mit der Versicherung, das sei ein ächter Truthahn. Als Pastorius dem Indianer zu verstehen gab, daß er sich kein X für ein U machen lasse, sprach jener gegen einen anwesenden Schweden sein Erstaunen aus, daß ein frisch eingewanderter Hochdeutscher diese Vögel schon zu unterscheiden wisse. „Woraus abzunehmen," setzt der brave Mann hinzu, „daß auch die Laster der Lügen und deß Betrugs disseits des Meeres in der neuen Welt zu regieren anfangen, aus Verführung der anfangs angekommenen alten Christen, so da weltgesinnet und nicht ein Geist mit Gott sind." Unter den alten Christen versteht er die vor Penn eingewanderten Schweden.

Doch solche kleine Cultursünden, welche die Wilden ihren weißen Brüdern ablernten, thaten dem guten Einverständniß zwischen den Ansiedlern von Germantown und den Rothhäuten keinen Eintrag. Letztere blieben harmlose Nachbarn und Pastorius erwähnt ausdrücklich, daß Germantown allerdings keine Stadtmauern habe, aber auch keinen Ueberfall von Seiten der Wilden befürchte, „als welche gegen alle frembd ankommenden Gäste gantz human und ehrerbietig sind."

Schon in frühen Zeiten wurden übrigens die Eingebornen auf dem Wege freundlicher Uebereinkunft aus dem Umkreise von Philadelphia entfernt, und 1698 berichtet Pastorius: „Wir Christen zu Germantown und Philadelphia haben nun die Gelegenheit nicht mehr mit ihnen umzugehn, in Betrachtung, daß ihre wilden Könige von William Penn ein Stück Geldes angenommen und sammt den Ihrigen sehr weit von uns hinweg in den wilden Wald hinein begeben haben, allwo sie ihrer angebornen Art nach sich mit Jagen, Wild- und Vögelschießen und Fischfangen ernehren."

Germantown unter eigener städtischer Regierung.

(1691—1707.)

Mit Ausnahme einiger holländischer Familien, welche sich den Deutschen anschlossen, war Germantown eine ganze deutsche Ansiedelung, und so lag denn der Gedanke an eine selbstständige Verwaltung und Gerichtsbarkeit auf deutschem Fuße nahe genug.

Die Einwohner wandten sich zu diesem Behufe an William Penn, der seit 1684 wieder in England lebte, wo er, in Folge der Revolution von 1688, trüben Zeiten, der Entkleidung seiner Hoheitsrechte über Pennsylvanien und dem Verluste seines Einflusses, entgegensah. So weit war es indessen noch nicht gekommen, als die Germantowner ihr Anliegen vorbrachten. Das Patent zur Verleihung städtischer Gerechtsame wurde am 12. August 1689 bewilligt und erhielt die königliche

Bestätigung am 3. Mai 1691. Es ist abgedruckt in Pennsylvania Archives I, p. 111—115. Das Original befindet sich in Harrisburg.

Für die Verwaltung und Rechtspflege des kleinen Gemeinwesens waren keine weitläufigen Veranstaltungen erforderlich. Ein Bürgermeister (bailiff), 4 Stadtverordnete (burgesses), 6 Schöffen, ein Archivar (recorder), ein Stadtschreiber (clerk), ein Rentmeister, ein Scheriff, ein Leichenbeschauer und einige untergeordnete Amtsdiener, das war das ganze Personal, das die städtischen Angelegenheiten besorgte. Der Bürgermeister und die zwei ältesten Stadtverordneten waren die Friedensrichter; der Bürgermeister, alle vier Verordnete und die sechs Schöffen bildeten das Stadtgericht.

Aus den vorhandenen Aufzeichnungen, den Ueberbleibseln des Rathsbuches und einer Abschrift der Gerichtsprotokolle läßt sich eine ziemlich vollständige Liste der Beamten herstellen, welche unten in tabellarischer Ordnung aufgeführt sind.

Zu diesen kamen noch jedes Jahr die sechs Schöffen, Wegemeister, Zaunbesichtiger und von Zeit zn Zeit Schornsteinbeschauer. Wir finden wenigstens,. daß im Jahre 1697 Jan van Woistine und Hermann Op den Graeff*) ein Amt dieses Namens bekleideten.

Der häufige Stellenwechsel rührte nicht etwa von lebhafter Concurrenz her; im Gegentheil, ein Amt war eine Bürde, die Niemand suchte, und oft genug kam es vor, daß der Gewählte ablehnte. Konnte er sich dabei auf die abmahnende Stimme seines Gewissens berufen (wie denn die Mennoniten manche Aemter aus diesem Grunde ausschlugen), so wurde er entschuldigt, sonst aber mußte er sich eine Geldbuße von 3 Pfund gefallen lassen. Im Jahre 1703 schrieb Pastorius an William Penn, wie schwer es halte, Leute zur Uebernahme von Aemtern zu bewegen, indessen hoffe er, die bevorstehende Ankunft neuer Einwanderer werde aus der Verlegenheit helfen. Es ist wohl nicht zum zweiten Male vorgekommen, daß man sich office holders importirte, weil das heimische Angebot nicht reichte.

*) Die Schreibung dieses Namens und vieler anderer (Tisen, Sieverts, Köster u. s. w.) ist selbst in eigenhändigen Unterschriften, die sich vorfinden, mancherlei Schwankungen unterworfen. Die Op den Graeffs zeichnen sich zuweilen Op de Graeff, auch Up de Graeff.

	1691.	1692.	1693.	1694.	1695.
Burgemeister	F. D. Pastorius	F. D. Pastorius	Dirck Isaak op de Graeff	Dirck op de Graeff	Arnold Cassel
Stadtverordnete	Jacob Telner	Reinert Tisen	Reinert Tisen	Reinert Tisen	{ Aret Klincken, darauf { Reinert Tisen
"	Dirck Isaak op de Graeff	Abraham op de Graeff	Jan Lücken	Peter Schumacher	Peter Schumacher
"	Hermann op de Graeff	Isaak Van Bebber	Peter Schumacher	Abraham Tunes	Jan Döben
"		Lenert Arets	Abraham Tunes	Walter Simens	Jan Lücken
Stadtschreiber	Paul Wulff	Paul Wulff	F. D. Pastorius	F. D. Pastorius	F. D. Pastorius
Archivar	Isaak Van Bebber	Arnold Cassel	Arnold Cassel	{ Albert Brandt, darauf { Arnold Cassel	Heifert Papen
Rentmeister			Arnold Cassel	F. D. Pastorius	
Sheriff	Andreas Souplis	David Scherkjes	Jacob Schumacher	Jan Lücken	{ Jan Lücken, darauf { Isaak Schumacher
Leichenbeschauer		Jacob Schumacher			
Rathsbote		Walter Simens	Anton Loof	Joh. Pettinger	Peter Cassel
Constable	Jan Lücken	Peter Keurlis	Peter Keurlis	Peter Keurlis	Jan Silans
"					Johann Köster

	1696.	1697.	1698.	1699.	1700.
Burgemeister	F. D. Pastorius	F. D. Pastorius	Reinert Tisen	Cornelius Süers	Aret Klincken
Stadtverordnete	Reinert Tisen	Reinert Tisen	Tunes Kunders	Tunes Kunders	James Delaplaine
"	Peter Schumacher	Peter Schumacher	Peter Schumacher	Isaak Schumacher	Reinert Jansen
"	Lenert Arets	Aret Klincken	Aret Klincken	Peter Keurlis	Tunes Kunders
"	Peter Clever	Anton Loof	Paul Wulff	Levin Haberdinck	Lenert Arets
Stadtschreiber	Anton Loof	Paul Wulff	{ F. D. Pastorius, da- { rauf Jas. Delaplaine	Paul Wulff	Peter Schumacher
Archivar	Tunes Kunders	Tunes Kunders	{ F. D. Pastorius, da- { rauf Jas. Delaplaine	James Lapley	Isaak Schumacher
Rentmeister		Lenert Arets		Martin Seel	Jan Döben
Sheriff	Isaak Schumacher	Arnold Cassel	Isaak Schumacher	Thomas Willems	Anton Loof
Leichenbeschauer					Isaak Schumacher
Rathsbote	Paul Wulff	Peter Cassel	Anton Loof	Matthias Millaen	
Constable	Andreas Kramer	Johann Köster	Walter Simens	Reinier Hermanns	Peter Keurlis
"	Johann Köster	Andreas Framer	Martin Seel	Walter Simens	Johann Köster

	1701.	1702.	1703.	1704.	1705.
Burgemeister	Daniel Falckner	Aret Klincken	James Delaplaine	Aret Klincken	Aret Klincken
Stadtverordnete	Cornelius Süers	Paul Wulff	Tunes Kunders	Peter Schumacher	Tunes Kunders
"	Justus Falckner	Peter Schumacher	Daniel Falkner	Hans H. Mehls	Peter Schumacher
"	Tunes Kunders	Wilhelm Strepers	Joh. Conrad Cotweis	Isaak Schumacher	Isaak Schumacher
"	Walter Simens	Thomas Potts	Anton Gerckes	Anton Gerkes	Wilhelm Strepers
Stadtschreiber	F. D. Pastorius	F. D. Pastorius	F. D. Pastorius	F. D. Pastorius	Paul Wulff
Archivar	Joh. Jawert	Joh. Conrad Cotweis	Richard Van der Werff	Simon Andrews	F. D. Pastorius
Rentmeister			F. D. Pastorius		
Sheriff	James Potts	Jonas. Potts, darauf Thomas Potts	Thomas Potts, Jr.	Thomas Potts, Jr.	W. de Wees
Leichenbeschauer	James Delaplaine	James Delaplaine			James Delaplaine
Rathsbote		Dirck Jansen	Phil. Chr. Zimmermann	Hermann Dorsch	
Constable	Christoph Schlegel	Peter Keurlis	Walter Simens	Wilh. de Wees	Cornelis de Wees
"	Thomas Potts, Jr.	Isaak Schumacher		Peter Keurlis	Walter Simens

	1706.	1707.
Burgemeister	James Delaplaine	Thomas Rutter
Stadtverordnete	Tunes Kunders	Johann Köster
"	Lenert Arets	Cornelis Süers
"	Wilh. Strepers	Wilhelm Strepers
"	Isaak Schumacher	Peter Schumacher
Stadtschreiber	F. D. Pastorius	F. D. Pastorus
Archivar	Caspar Hood	Caspar Hood
Rentmeister	Aret Klincken	F. D. Pastorius
Sheriff	Wilhelm de Wees	Jonas Potts
Leichenbeschauer	Jonas Potts	Isaak Schumacher
Rathsbote	Cornelis de Wees	Humphrey Edwards
Constable	Simon Andrews	
"	Johann Köster	

Am 2. Juni 1691 eröffnete Pastorius das Rathsbuch und setzte den Verordnungen eine Anzahl biblischer Sprüche voran, welche Recht und Gerechtigkeit, Gottesfurcht und Menschenliebe einschärfen; z. B.

Lasset die Forcht des Herrn bey euch seyn und nehmet nicht Geschenke.

Beleidigt keine Witlib noch Waisen. Schaffet dem Armen Recht und helffet dem Elenden und Dörftigen.

Richtet recht zwischen Jedermann, sehet keine Person an, sondern höret den Kleinen wie den Großen.

In euren Wahltägen setzet zu Häuptern übers Volk redliche, weise, erfahrene und verständige Leute, die Gott fürchten, wahrhafftig und dem Geitze feind sind.

Es sollte nun auch ein Rathssiegel beschafft werden, und Pastorius hatte die Devise sowie das Motto dafür zu bestimmen. Er wählte ein Kleeblatt, auf dessen Blättlein ein Weinstock, eine Flachsblume und eine Weberspule abgebildet waren mit der Inschrift: Vinum, Linum et Textrinum. (Der Wein, der Lein und der Webeschrein.) So ward dem Deutschen bald nach seinem Eintritt in die neue Welt im Rathssiegel von Germantown das Horoscop gestellt, wie ein deutsch-amerikanischer Dichter, Dr. Brühl in Cincinnati, es so gedankenvoll auslegt:

Wie sinnig „Wein, Lein, Webeschrein,"
Ja, Frohsinn, Ackerbau, Gewerbe,
Das soll der Deutschen Banner sein,
Das ihr Symbol, ihr stolzes Erbe!

Sie sollen ihre heitre Lust
Ins starre Yankeeleben tragen,
Froh soll ihr Herz in freier Brust
Nach ächter deutscher Weise schlagen.

Mit Reben soll der Hände Fleiß
Die waldumkränzten Hügel krönen,
Und, kosten sie der Traube Preis,
Ihr Lied das stille Thal durchtönen.

Die Axt, der Spaten und der Pflug,
Sie seien ihre Lieblingswaffen,
Den Urwald, d'rin der Wilde schlug
Sein Zelt, in Gärten umzuschaffen.

Auch in der Werkstatt soll die Hand,
Die emsige, sich geschäftig rühren,
Und, an die Arbeit fest gebannt,
Den Hammer und die Spule führen.

Soll leiten der Palläste Bau,
Der Brücken, die das Dampfroß tragen,
Der Dome, die in's Aetherblau
Mit ihren stolzen Thürmen ragen!

Die Rathsverhandlungen, welche uns in dem ursprünglichen, leider verstümmelten Protokollbuch vorliegen, bieten allerlei interessante Einzelheiten, die auf das Leben dieser ersten deutschen Ansiedler manchen Lichtstreif werfen.

Paul Wulff trat 1693 einen Acker seines Landes für einen Begräbnißplatz ab und erhielt dafür einen viertel Acker innerhalb des Stadtgebietes. Für einen Marktplatz gab James Delaplaine einen halben Acker, wofür ihm ein anderer halber Acker abgeholzt, oder wie das Rathsbuch sagt, „geklärt" wurde.

War es Nothwehr gegen Eindringlinge von außen, oder hatten sich unter die Rechtschaffenen von Germantown schon in so früher Zeit räudige Schafe gemengt, der Rath fand es geeignet, scharfe Maßregeln gegen böse Menschen zu verfügen. Im Jahre 1693 werden Pastorius und Peter Schumacher beauftragt, einen „Stock" (Fußblock) zu beschaffen, „umb die Uebelthäter drin zu setzen." Den dazu nöthigen Block lieferte Aret Klincken. Besonders gravirende Fälle können indessen nicht vorgekommen sein. Es erinnert uns nicht an des Kerkers Mauern und Eisenstäbe, wenn wir in den Protokollen von 1697 lesen: „Arndt Klincken vergönnt sein alt Haus vor dies Jahr vor ein Gefangenhaus", und sehr arkadische Zustände verräth der Beschluß, der in derselben Sitzung gefaßt wurde: „Alle Strafen, welche gefallen sein in vorige Zeit, sollen alle vergeben sein, aber was nun fortan vorfällt, soll executirt werden."

Die Auflagen, um die Kosten der Verwaltung zu decken, wurden in höchst primitiver Weise festgestellt und erhoben. Im Jahre 1695 wurde beschlossen, daß auf jede 25 wirklich in Besitz genommene Acker Landes 1 Shilling (13 Cents) entrichtet werde, um folgende öffentliche Ausgaben zu bestreiten: Ankauf von einem Buch Papier für ein Register der Heirathen, Geburten und Sterbefälle, eine Wage mit zugehörigen Gewichten, zwei Pinten und Quartkannen als Wein- und Biermaße, einen halben Buschel, um die Germantownischen zu aichen, Anfertigung von Fußblöcken und Vergütung für Botengänge nach Philadelphia.

Für das Bürgerrecht in Germantown wurde Jedem, der sich häuslich niederließ, 1 Pfund Pens. Geldes ($2.66) auferlegt (1695).

Die Zahlung dieser Gebühr muß hier wohl beanstandet oder vernachläſſigt worden ſein, denn ein Beſchluß im Jahre 1702 gewährt „den jetzigen Bewohnern von Germantown" das Bürgerrecht frei mit der Verpflichtung, ſich in das dazu beſtimmte Bürgerbuch einzuzeichnen. Die ſpäter Hinzukommenden hatten 6 Shilling zu entrichten. Unter beſonderen Umſtänden wurde das Bürgerrecht auch wohl unentgeldlich verliehen. Dies war der Fall mit Peter Cornelius Plockhoy, der 1694 nach Germantown kam. Zweiunddreißig Jahr vorher (1662) hatte er an der Spitze von 25 Mennoniten geſtanden, die ſich am untern Delaware anſiedelten. Die Niederlaſſung wurde bald darauf von den Engländern aufgehoben und man weiß nicht, was aus den verjagten Anſiedlern geworden iſt. Als Plockhoy nach ſo vielen Jahren in Germantown erſchien, war er alt, blind und hülflos. Seine Lage erregte allgemeines Mitleid; man gab ihm Grund und Boden für ein Häuslein und einen Garten, gewährte ihm das Bürgerrecht und zwei Bürger, Jan Doeden und Wilhelm Ruttinghuyſen, wurden beauftragt, eine freiwillige Beiſteuer für ihn zu ſammeln.

In demſelben Jahre wurde Marie Margarethe Zimmermann unentgeldlich in die Corporation aufgenommen. Sie war die Wittwe des Predigers Johann Jacob Zimmermann, der in Deutſchland zu Johann Kelpius myſtiſcher Genoſſenſchaft gehört hatte, aber ſchon vor deren Einſchiffung geſtorben war.

War auch Feuersgefahr für die einzeln ſtehenden Häuſer eine geringe, ſo hatte doch das Feuer in 1686 gelehrt, daß Vorſichtsmaßregeln nicht vernachläſſigt werden durften. Aret Klincken und Dirck Keyſer erhielten 1695 den Auftrag, für 4 „Brandſäcke" und 4 Feuerleitern zu ſorgen. Lenart Arets und Abraham Op den Graeff wurde es zur Pflicht gemacht, die Schornſteine zu beſichtigen.

Von löblicher Fürſorge zeugte es auch, daß die Einwohner angewieſen wurden, „dero Kühe Hörner abſtutzen zu laſſen," ebenſo, daß (1695) ein Verbot gegen Wett- und Schnellreiten erlaſſen wurde. An letzteres ſchloß ſich ein anderes: „Item ſoll keiner den erſten Tag aus einem Rohr ſchießen."

Der Germantowner Geſetz-Codex iſt uns nicht erhalten, aber die Rathsverhandlungen enthalten häufige Hinweiſe darauf. Am 3. Mai 1695 wurde das 6. Geſetz, die Frohndienſte betreffend, aufgehoben und verordnet, daß die ganze Gemeinde aufgeboten werde, wenn Dienſte für die Gemeinde zu thun ſeien. Wer nicht kam, noch einen Andern an ſeine Stelle ſchickte, ſollte 6 Shilling für jeden Tag erlegen, „es ſei denn, daß Jemand zu Bett läge oder eine Kindbetterin hätte."

Nicht lange darauf ist denn auch wirklich im Rathsbuch protokollirt, daß Heifert Papen's Frau im Kindbett liegt.

Die Erwägungen und Beschlüsse über Abhaltung eines Jahrmarktes in Germantown ziehen sich durch eine Reihe von Monaten und bringen uns die damaligen Zustände recht lebhaft vor Augen.

Im Juni 1695 faßte der Rath den Beschluß, am 13. und 14. Tage jedes 3. und 9. Monats eine Fair oder öffentlichen Jahrmarkt zu halten, und „solches an den Drucker in New York zu schreiben, umb es hinführo in die Almanach zu setzen.“ In der nächsten Sitzung fand der Vorschlag Billigung, den Jahrmarkt auch durch „anklebende Brieflein in Philadelphia, Burlington, Herford, Darby, Chester, Merion und Frankfurter Mühlen, sowie auch am allhiesigen Versammlungshause bekannt zu machen.“ Im November jedoch wurde man andern Sinnes und bestellte den Jahrmarkt „wegen zu befürchtender Excessen, die in der Nachbarschaft von Jahrmärkten vorzufallen pflegen“, wieder ab. Nun hatte aber Peter Keurlis für die erwarteten Jahrmarktsgäste bereits Bier gebraut (dies ist die erste Erwähnung vom Bierbrauen); er suchte daher um Erlaubniß nach, dieses zu verzapfen, worin ihm gewillfahrt wurde. Später muß die Furcht vor ungebührlichen Ausschreitungen gewichen sein, denn im Jahre 1701 war Jahrmarkt am 14. und 15. November, 1702 wird Isaac Taylor ersucht, die Zeit (14. und 15. Mai, 14. und 15. November) in seinem Almanach bekannt zu machen und ein gleiches Ansuchen wird 1704 bei der Verlegung der Zeit auf den 20. October an die Herausgeber von Almanachen in New York und Philadelphia gestellt.

Mehr als einmal beschäftigte sich die würdige Rathsversammlung mit den Schweinen und Ferkeln, die ungenirt in der neuen Stadt umherschweiften und Aergerniß gaben, wogegen strenge Verordnungen beliebt wurden.

Im Februar 1702 ging der Beschluß durch, den Gouverneur und den Rath um einen „ge-establischten Weg“ nach Philadelphia zu ersuchen, da der Wegmeister den vorhandenen, als „unge-establischt“, nicht verbessern wollte. Man sieht, die Sprachmengerei riß bald nach der Ankunft der ersten Deutschen ein.

Im Jahre 1699 sind die Aufzeichnungen in der holländischen Sprache. Pastorius, der die meiste Zeit Stadtsecretär war und die Protokolle führte, war zu Anfang des Jahres 1698 nach Philadelphia übergesiedelt, um die dortige Quäkerschule zu übernehmen und sein Nachfolger, Paul

Wulff, wird wohl des Holländischen mächtiger gewesen sein, als des Deutschen. Pastorius kehrte nach wenigen Jahren nach Germantown zurück und wurde wieder in sein altes Amt gewählt.

Die süße Befriedigung an der eigenen Stadtverwaltung hatte übrigens eine sehr verdrießliche Seite, sie war kostspielig. Die Germantowner hatten erwartet, wenn sie innerhalb ihres Townships Brücken, Landstraßen rc. aus eigenem Säckel bauten, würden sie für ähnliche Anlagen im County von Philadelphia nicht auch besteuert werden. Dies wurde ihnen aber zugemuthet. Im August 1697 begaben sich Cornelius Sieverts und Isaak Schumacher als Delegaten des Stadtraths nach Philadelphia, um gegen diese Auflage zu remonstriren, ohne indessen Erfolg zu haben.

Pastorius wandte sich deshalb 1701 schriftlich an William Penn, der 1699 von England nach Pennsylvanien zurückgekehrt war, und stellte ihm die Ungerechtigkeit dieser doppelten Belastung vor. Es scheine, als mißgönnten gewisse Leute die den Deutschen zugestandenen Rechte und wollten ihnen ganz gegen den Wortlaut und den Sinn des Freibriefes die County-Abgaben aufbürden, während Germantown doch nicht unter der Botmäßigkeit des County stehe. William Penn könne bei der Ertheilung des Charters eine doppelte Leistung unmöglich beabsichtigt haben. Was die Provinzialsteuern betreffe, so verstehe es sich von selbst, daß diese nach wie vor würden entrichtet werden.

Die Sache wurde in einer Versammlung des Provinzial-Councils den 5. März 1701 verhandelt, die Gründe für und wider angehört, die Entscheidung aber verschoben. Es erhellt nicht, wie dieselbe ausfiel; wahrscheinlich blieb es beim Alten.

Aus der Gerichtsstube.

Nach den Gerichtsverhandlungen zu urtheilen, war es den „der europäischen Weltfrechheit" entronnenen Pionieren in der That gelungen, sich in Pennsylvanien ein friedliches Arkadien, ein stilles Patmos zu gründen.

Während in Europa der Krieg wüthete, Ehrgeiz und Habsucht endlosen Hader entzündeten, religiöse Parteiung die Zwietracht in den Schooß der Familie trug und das Sittenverderbniß aus den Palästen in die Hütten drang, sah es in Germantown aus, als sei Asträa noch einmal zu den Sterblichen zurückgekehrt und habe ihr Hauptquartier unter den deutschen Auswanderern aufgeschlagen.

Die Gerichtssitzungen fanden alle sechs Wochen einmal statt und oft genug kam es vor, daß Nichts zu thun war, als eine Vertagung auf den nächsten Termin zu beschließen. Der Hauptgegenstand der Verhandlungen war Kenntnißnahme von Landverkäufen, Verpachtungen, Privatverträgen u. dgl.

Die Polizeiwidrigkeiten, in welche das Gericht ein Einsehn hatte, waren meistentheils sehr läßlicher Natur. Wieder und wieder kommt die Vernachlässigung der Zäune vor; auch vagirendes Vieh und unglückliche Zecher nehmen das Tribunal zuweilen in Anspruch.

Der erste Fall, der in die Gerichtsannalen eingetragen ist, zeigt, daß der Respect vor dem Polizeidiener mit übers Meer gewandert war. Caspar Karsten und Frau hatten einen Polizeidiener „bedroht"; dafür wurden Beide zur Zahlung von 2 Pfund verdonnert. Bei dem zweiten Falle, der zur Verhandlung kam, war der Bäcker Bom der Kläger und der Ausrufer Johann Pettinger der Beklagte. Und was hatte sich dieser zu Schulden kommen lassen? Es ist wirklich abscheulich, er hatte Bom's Schwein mißhandelt.

Glückliche Stadt, wo binnen eines Jahres über Nichts Beschwerde geführt wurde, als daß ein Polizeidiener bedroht und ein Schwein geschlagen war! Allerdings blieb es nicht dabei. Bald steht Pettinger wieder vor Gericht und diesmal hat er nicht einen borstigen Dickhäuter sondern den ehrsamen Johannes Köster mißhandelt, der dafür 3 Pfund als Schmerzensgelder beansprucht. Der Schaden muß wohl nicht groß gewesen sein, denn das Gericht erkannte dem Kläger nur zwei Shillinge zu.

Im Mai 1695 wurde Peter Keurlis vor die Schranken des Gerichts gefordert, der erste deutsche Schenkwirth in Amerika, von welchem die Geschichte weiß. Seine Licenz lautete auf ein Gasthaus, nicht auf eine Kneipe, und darnach hatte er sich nicht gerichtet. Aber lassen wir das Verhör selbst sprechen.

Frage. Warum Peter Keurlis sich weigere, Reisende zu logiren.

Antwort. Weil er nur Getränke verkaufen, nicht aber ein gewöhnliches Gasthaus halten wolle.

Frage. Warum er Malzbier zu 4 pence das Quart gegen das Gesetz der Regierung verkaufe.

Antwort. Er kenne ein solches Gesetz nicht.

Frage. Warum er sich nicht nach der Verordnung der Behörde von

Germantown richte, wornach es verboten sei, mehr als eine Viertel-pinte Rum oder ein Quartier Bier halbtäglich an irgend ein Individuum zu verkaufen.

Antwort. Wenn Leute mehr vertragen könnten, so werde er dies Gesetz nicht beachten.

Wie rücksichtsvoll doch die junge Gesetzgebung von Germantown die Forderungen der Mäßigkeit mit denen des Durstes zu vereinen wußte! Halbtäglich! Durch die Beschränkung des Maaßes war dafür gesorgt, daß Niemand über die Schnur hauen konnte, aber der Durstige durfte des Nachmittags oder des Abends wiederkommen und eine zweite Labung verlangen.

Die Behauptung des Gastwirths Keurlis, daß ein Mensch mehr vertragen könne, als ein anderer, macht seiner Beobachtungsgabe Ehre und hat sich richtig bestätigt. Aber er drang nicht damit durch und ihm wurde wegen Uebertretung des Gesetzes die Erlaubniß zum Ausschank von Getränken zeitweilig entzogen. Von 1696—1701 fehlen die Aufzeichnungen. Die Fälle in den ersten Jahren des neuen Jahrhunderts sind alle sehr unschuldiger Art, Klagen über ungezogene Kinder, vagirende Schweine u. dergl. Der Eine hat ein Pferd ohne Erlaubniß aus dem Stalle genommen, der Andere den Sheriff einen Schuft geheißen und Peter Keurlis hat wieder Getränke verkauft. Auch eine Coronersuntersuchung kam vor, die mit einem seltsam gefaßten Spruche der Geschworenen endete: „Durch Unachtsamkeit tödtete der Karren und der Kalk den Mann, das Rad verwundete seinen Rücken und Kopf und es tödtete ihn."

Ebenso wenig bieten die nächsten Jahre der Gerichtsannalen Anhaltspunkte für interessante Mittheilungen. In ein halb Dutzend Jahren kaum ein Fall von Trunkenheit. Es war ein gewisser Georg Müller, der 1703 dieserhalb vorgeladen und zu fünftägiger Gefängnißstrafe verurtheilt wurde. Derselbe Müller lud sich den Sheriff und die Sheriffskosten auf den Hals, in Folge eine Wette, „daß er 100 Pfeifen Tabak in einem Tage rauchen wolle."

Ein seltsamer Auftritt, den Daniel Falckner, Pastorius' Nachfolger in der Agentur, verursachte, unterbrach im November 1704 die würdevolle Ruhe der Sitzung. „Er kam herein," heißt es, „wie Einer, der Abends zuvor trunken gewesen und noch nicht wieder bei Verstand ist, schimpfte auf den Archivar und den Bürgermeister, forderte Peter Schumacher, einen der Richter, auf, einmal anzukommen und that dergleichen Abscheulichkeiten mehr." Ehe er durch den Constabler entfernt wurde, nannte er alle Anwesenden Narren. Diese Mißhelligkeiten hatten ihren Grund ohne Zweifel in den Ansprüchen, welche Falckner als Bevollmächtigter der Frankfurter Gesellschaft erhob, und in dem Mißtrauen der Bürgerschaft in seiner Ehrenhaftigkeit.

Gern hätten wir dem Leser auszüglich etwas Piquanteres aus der Gerichtsstube vorgesetzt, aber das unschuldige Stillleben in der jungen Ansiedelung hatte Nichts der Art zu bieten. Die paar Capriccios, die aus den trockenen Protokollen herausgesucht sind, vertheilen sich auf einen Zeitraum von 17 Jahren.

Glücklich die Gemeinde, deren Gerichtsannalen langweilig sind

Es bleibt nur noch übrig, das vorzeitige Ende der städtischen Verfassung von Germantown zu berichten. Was dazu führte, tritt in der einzigen Quelle, der Abschrift der Protokolle, nicht klar hervor. Es wird, ohne daß vorausgegangene Schwierigkeiten darauf vorbereiten, einfach bemerkt, Georg Lowther, der Queen's attorney, habe am 11. Januar 1707, als die neu gewählten Beamten ihre Functionen eben angetreten, den Gerichtshof aus gewissen technischen Gründen, die aufgezählt sind, vertagt, d. h. aufgelöst. In einer Beschwerdeschrift wurde der Nichtigkeit der Gründe aufgewiesen, aber ohne Erfolg, und weder Rath noch Gericht versammelte sich wieder.

Wir dürfen übrigens vermuthen, daß die Belastung der Bürger von Germantown mit dreifachen Steuern, für die Provinz, das County Philadelphia und ihre eigene Municipalität, ihnen das Vergnügen an ihren städtischen Freiheiten etwas versalzen hatte und daß der Verlust ihrer Privilegien ihnen gerade nicht das Herz brach. Im letzten Jahre (1707) war die Stadt in Schulden. Zur Tilgung derselben beschloß der Rath, allen Grundbesitzern und Vermögenden eine Specialsteuer aufzuerlegen, um „30 Pfund oder mehr" aufzubringen.

Das ist die letzte officielle Aufzeichnung im Rathsbuche, welcher noch das folgende, für sich selbst sprechende Postscript folgt: „Wiewohl ich, Franz Daniel Pastorius, anstatt Aret Klincken zum Rentmeister erwählt worden, habe ich doch von ihm weder der Gemeinde Rent- oder Rechnungsbuch noch einig Pfennig, gedachte Gemeinde angehend, empfangen, so daß deßhalb ganz klar bin und die Germantownische Gemeinde noch an mich schuldet 2 Pfund 14 Shilling." Aus dem Sollen und Haben seines Rechnungsbuches geht hervor, daß diese Schuld nie getilgt wurde.

Die Religion der Pioniere.

Daß die Ansiedler von Germantown zu keiner der in Deutschland anerkannten Kirchen gehörten, ist schon oben zur Sprache gekommen. Die Crefelder stammten sämmtlich aus mennonitischen Familien, und Pastorius hatte sich in Deutschland zu den Pietisten gesellt, welche eine neue Reform der lutherischen Kirche für nöthig hielten.

Unter die Quäker von Pennsylvanien versetzt, kostete es ihnen keine große Ueberwindung, sich diesen vollständig anzuschließen. Vielleicht war ein Theil der Auswanderer schon in Deutschland zu ihnen übergetreten, denn wir wissen ja, daß diese in Crefeld, in Krisheim und anderen Orten Proselyten gemacht hatten.

Daß die Deutschen sich wirklich zu den Quäkern schlugen, geht aus dokumentarischen Zeugnissen hervor. In den Protokollen und Registern des Abington Meeting finden wir folgende Deutsche von Germantown, die zwischen den Jahren 1683 und 1690 ankamen, erwähnt:

Peter Keurlis, Tunes Kunders, Reinert Tisen, Paul Seel, Leonard Arets, Aret Klincken, Arnold Cassel, Franz Daniel Pastorius, Jacob Delaplaine, Johannes Koster, Peter Klever, Paul Kästner, Jan Doeden, J. Friedrich Eiden (kam 1694), Reinert Herrmanns, Johann Bleikers, Wilhelm Strepers, Abraham Tunes. — Sämmtliche hatten Familie und die Kinder waren theils in Deutschland, theils in Germantown geboren.

Ein anderes Dokument, worauf nur Quäkernamen vorkommen, ist das 1692 in Burlington erlassene Manifest gegen die Irrlehren und Fehltritte des abtrünnigen Georg Keith. Diejenigen, welche gegen diesen Zeugniß ablegten und ihre Namen unter den Protest setzten, waren die angesehensten Quäker von Pennsylvanien und West-Jersey, darunter folgende Deutsche: Paul Wulf, Paul Kästner, F. D. Pastorius, Hans A. Kramer, Dirk Op den Graeff, Peter Schumacher, Arnold Cassel.*)

Ein drittes Dokument, das die eigenhändigen Unterschriften dieser alten deutschen Quäker enthält, ist eine 1693 an die Regierung von William und Mary gerichtete Bittschrift wegen der Wiedereinsetzung des in Ungnade gefallenen William Penn. Diesem war nämlich Schuld gegeben, er habe zu Gunsten des landesflüchtigen Jakob II. Intriguen angesponnen und er wurde damals seiner gubernatorischen Rechte auf

*) Abgedruckt in Smith's History of Pennsylvania, in Hazzard's Register, vol. vi., p. 302.

Pennsylvanien entkleidet. Die Quäker hielten die Anklage für unbegründet und wünschten Penn's Restitution, die übrigens erfolgte, ehe die Bittschrift in die Hände der Regierung gelangte.*) Unter den Quäkerunterschriften befinden sich folgende deutsche aus Germantown: F. D. Pastorius, Levi Harberdinck, Aret Klincken, Lenart Arets, Thönes Kunders, Jakob Schumacher, Willem Streypers, Peter Klever, Reinert Tissen, Peter Schumacher, jr., Jan Lücken, Walter Seimens, Reiner Hermans, Anton Looff, Jonas Potts, Peter Schumacher, jr., Paul Kästner, Thomas Potts, jr., Isaac Schumacher, Abraham Tönes, Thomas Potts, Hans Andreas Kramer, Peter Körlis, Paul Wulf.

Der Protest deutscher Quäker gegen die Sklaverei, von dem später die Rede sein wird, ist unterzeichnet von Garret (Gerhard) Hendrich, F. D. Pastorius, Dirk Op den Graeff und Abraham Op den Graeff.

Geben wir uns nun die Mühe, diese Quäkerlisten mit dem Verzeichniß der Einwanderer von 1683, d. h. der Gründer von Germantown, zu vergleichen, so stellt sich heraus, daß von den vierzehn Pionieren zwölf nachweislich als Quäker auftraten, nämlich Pastorius, Dirk Op den Graeff, Abraham Op den Graeff, Kunders, Arets, Tison, Strepers, Keurlis, Simens, Bleickers, Tunes und Lücken. Von Hermann Op den Graeff ist es gleichfalls nachweisbar, daß er zu den Quäkern gehörte, und so bleibt Jan Lensen als einziger Nicht-Quäker zurück. Aus andern Quellen ist bekannt, daß dieser Mennonit war und blieb.

Unter den deutschen Bekennern der Quäkerlehre stand Pastorius an gründlicher Bildung allen Anderen unbestritten voran. Seine Bibliothek enthielt eine reichhaltige Sammlung der besten Quäkerschriften und nach seiner eigenen Erklärung gab es kein Werk von Fox, Penn und Naylor, das er nicht gelesen hätte. Seine schriftlichen Ausarbeitungen und die Auszüge, die er sich aus anderen Werken machte, bewegen sich zum großen Theil auf dem Gebiet der Theologie und Kirchengeschichte. In Germantown hatte er die Leitung der religiösen Versammlungen (preparatory meeting). Bei den vierteljährlichen Versammlungen der Quäker in Philadelphia erschien er öfters als Delegat.

Von dem Verkehr der englischen Quäker mit den deutschen wissen wir wenig. Richard Townsend, ein Reisegefährte William Penn's auf dessen erste Ueberfahrt nach Amerika, ließ sich in der Nachbarschaft von

*) Das Original befindet sich im Archiv der Historischen Gesellschaft von Pennsylvanien.

Germantown nieder und stand mit den Deutschen auf freundschaftlichem Fuße. Auf Pastorius muß er viel gehalten haben, denn er ließ von ihm sein Testament abfassen.

Einer der berühmtesten Aerzte der jungen Colonie, Dr. Griffith Owen, war ein intimer Freund von Pastorius. Zwei von diesem verfaßte Grabschriften auf den Doctor, die eine in lateinischer, die andere in englischer Sprache, beweisen die wärmste Liebe und Verehrung.

Von Allen blieb aber Thomas Lloyd, sein ehemaliger Reisegefährte, ihm am theuersten. Einunddreißig Jahre nach seiner Ankunft in Amerika, am Jahrestage dieses Ereignisses (20. Aug.) schrieb er an die Töchter des schon seit 20 Jahren dahingeschiedenen Lloyd einen ausführlichen Brief, worin er der Verdienste und Tugenden seines alten Freundes mit gerührtem Herzen gedenkt und dabei bemerkt:

„Dank dem Allmächtigen für seine zahllosen Segnungen, vornehmlich seit ich beschloß, mich nach Pennsylvanien zu exiliren. Er, der große Jehovah, hat mich auf dieser meiner letzten Reise nicht nur erhalten, sondern seine gütige Vorsehung erkor mir als Schiffsgefährten euren geliebten Vater, eine Segnung, die ich nicht genug anerkennen kann."

Der Protest gegen die Sclaverei im Jahre 1688.

Ein Denkmal haben sich die deutschen Quäker von Germantown gesetzt, das dauernder als Erz ist, das ihnen in der Geschichte unseres Landes ein ehrenvolles Gedächtniß sichert, und das ist ihr Zeugniß gegen die Sclaverei im Jahr 1688.

Das System unfreiwilliger Dienstbarkeit hatte auf dem Boden Pennsylvaniens Eingang gefunden, noch ehe die englischen Quäker sich dort ansiedelten und diese erhoben keinen Einwand dagegen, vorausgesetzt, daß die Negersclaven human behandelt und in der christlichen Religion unterwiesen würden. Mögen auch gelegentlich Bedenken gegen die Zulässigkeit der Sclaverei gehegt und geäußert sein, die Deutschen von Germantown waren die Ersten, welche in förmlicher Weise und als Körperschaft Einsprache erhoben. Dies wird auch von Amerikanern anerkannt. So sagt von ihnen E. Bettle in Notices of Negro Slavery in America: "To this body of humble unpretending and almost unnoticed philanthropists belongs the honor of having been the *first Association* who ever remonstrated against Negro Slavery."

Der Protest hatte seinen Ursprung in einer Versammlung, die am 18. April 1688 in Germantown gehalten wurde und war zunächst dazu bestimmt, in der Monatsversammlung, die in Richard Worrells Hause, Lower Dublin, stattfand, die Verwerflichkeit des Menschenhandels und der Sclaverei zur Sprache zu bringen. In deutscher Uebersetzung lautet derselbe wie folgt:

An die bei Richard Worrell stattfindende Monatsversammlung:

Aus folgenden Gründen sind wir gegen den Menschenhandel. Giebt es irgend Jemand, der es zufrieden wäre, wenn ihm so geschähe, oder wenn man ihn so behandelte, nämlich ihn verkaufte und für seine ganze Lebenszeit zum Sclaven machte? Wie erschrocken sind viele auf der See, wenn ihnen ein fremdes Schiff begegnet und sie fürchten, es sei ein Türke, der sie gefangen nehmen und in der Türkey als Sclaven verkaufen könnte! In wie fern aber ist Jenes besser, als was die Türken thun? Eher ist es schlechter seitens derer, die sich Christen nennen. Wir hören, daß die meisten Neger gegen ihren Willen hierher gebracht werden, und daß viele derselben gestohlen sind. Sie sind allerdings schwarz, aber wir begreifen nicht, wie das ein besseres Recht giebt, sie zu Sclaven zu machen, als weiße zu halten. Es ist uns gesagt, wir sollen allen Menschen thun, wie wir wünschen, daß uns selbst geschehe; kein Unterschied wird gemacht mit Rücksicht auf Nation, Abstammung und Farbe. Auch ist es gleich, ob man Menschen stiehlt und raubt, oder ob man sie kauft und verhandelt. Es besteht hier zu Lande Freiheit des Gewissens, das ist recht und vernünftig; aber auch dem Leibe kommt Freiheit zu, es müßte denn ein Verbrecher sein, was eine ganz andere Sache ist. Aber dagegen, daß man Menschen hierher bringt, sie raubt und gegen ihren Willen verkauft, erheben wir Einsprache. In Europa müssen Viele Unterdrückung leiden, des Gewissens halber; hier unterdrückt man Menschen von schwarzer Hautfarbe.

Wir wissen, daß wir keinen Ehebruch begehen sollen; es begehen aber Manche Ehebruch in der Person Anderer, indem sie Frauen von ihren Männern trennen und andern übergeben. Einige verkaufen die Kinder dieser armen Geschöpfe an Fremde. Ach, überlegt doch, die ihr dies thut, ob ihr möchtet, daß euch so geschehe und ob dies mit dem Christenthum übereinstimmt. Nicht in Holland und nicht in Deutschland geht man so weit. Es bringt euch in schlimmen Ruf, wenn man in Europa erzählt, daß die Quäker hier mit Menschen verfahren, wie man dort mit dem Vieh verfährt. Aus dem Grunde haben viele keine Lust und keine Neigung hierher zu kommen. Wer könnte auch für eure Sache einstehen und sie vertheidigen? Fürwahr, wir können es nicht, es sei denn, daß ihr uns eines Besseren belehrt und überzeugt, Christen dürfen dergleichen thun. Was in der Welt kann uns Schlimmeres zustoßen, als wenn man uns raubt, stiehlt, in fremde Länder als Sclaven verkauft, den Mann von Frau und Kindern trennt? Und da dies nicht nach der Weise ist, wie wir wünschen, daß uns geschehe, so legen wir Einsprache ein und erklären uns gegen den Menschenhandel. Wer anerkennt, daß es unrecht ist, zu stehlen, der soll auch das Gestohlene nicht kaufen, sondern vielmehr dazu helfen, dem Rauben und Stehlen, wo möglich, ein Ende zu machen. Jene Menschen sollten aus den Händen der Räuber erlöst und, wie in Europa, auf freien Fuß gesetzt werden. Dann wird Pennsylvanien einen guten Ruf erlangen, statt des schlechten, den es dieser Sache halber jetzt in andern Ländern hat. Dazu kommt, daß die Europäer gern wissen möchten, wie die Quäker ihre Provinz regieren; die meisten blicken auf uns mit neidischem Auge.

Wenn einmal diese Sclaven, die man für so gottlos und hartnäckig hält, sich zusammenrotten, für ihre Freiheit kämpfen und ihre Herren und Herrinnen eben so behandeln, wie sie selbst von jenen behandelt wurden, werden diese Herren und Herrinnen mit dem Schwerte in der Hand gegen die armen Sclaven Krieg führen? Ja, einige allerdings wohl, aber haben die Neger denn nicht so viel Recht ihre Freiheit zu erkämpfen, wie ihr habt, sie in der Knechtschaft zu halten?

Ueberlegt die Sache wohl. Ist sie gut oder schlecht? Findet ihr, daß es in der Ordnung ist, die Schwarzen auf diese Weise zu behandeln, so bitten und ersuchen wir euch hiermit in aller Liebe, uns zu belehren, (was bisher nie geschehen ist) daß nämlich Christen die Befugniß haben, so zu verfahren; auf daß wir über diesen Punkt beruhigt werden und unsere Freunde und Bekannte in unserem Geburtslande beruhigen. Jetzt ist es für uns hier ein schrecklicher Gedanke, daß man in Pennsylvanien Menschen auf diese Weise knechtet.

So geschehen in unserer Versammlung zu Germantown am 18. des zweiten Monats *) 1688. Der Monatsversammlung bei Richard Worrell zu überweisen.

Garret Hendericks, Francis Daniel Pastorius, Dirck Op den Graeff, Abraham Op den Graeff.

*) d. h. April nach dem damaligen Kalender.

Wir kommen nun zu der Geschichte dieses Protestes und werden finden, daß gerade so alt wie die Argumente gegen die Sclaverei auch die Taktik ist, die sie hat zu langen Jahren kommen lassen. Man gestand die Richtigkeit der Prämissen zu, weigerte sich aber aus praktischen Rücksichten, der Folgerung beizustimmen und demgemäß zu handeln.

Der Protest ging zunächst an die Monatsversammlung. Der Bescheid derselben war:

Nachdem wir in unserer Monatsversammlung in Dublin, am 30. des 2ten Monats (April) 1688, die oben erwähnte Sache in Erwägung gezogen haben, finden wir dieselbe so wichtig, daß wir es nicht für geeignet halten, darauf einzugehen. Wir verweisen sie an die vierteljährliche Versammlung zur Berücksichtigung, indem der Inhalt der Wahrheit ziemlich gemäß ist.

Im Namen der Monatsversammlung. Jo. Hart.

Sehen wir nun, wie die Vierteljährliche Versammlung mit der häklichen Frage fertig wurde. In den Protokollen ist folgende Verhandlung verzeichnet:

„Das oben Erwähnte wurde in der Vierteljährlichen Versammlung, den 4. des 4. Monats (Juni) 1688, verlesen und von da an die Jährliche Versammlung verwiesen. Der erwähnte Derrick und die beiden*) anderen darin Genannten sollen dasselbe der genannten Versammlung vorlegen, da es eine Sache von zu großer Wichtigkeit zur Beschlußnahme dieser Versammlung ist.

Gezeichnet im Auftrage der Versammlung.

Anthony Morris."

Damit war der Protest an die höchste Behörde der Quäker verwiesen. Die Jahresversammlung konnte nicht so bequem wie die beiden anderen eine höhere Instanz vorschieben, um sich des eigenen Urtheils zu enthalten.

In Anbetracht, daß die Jahresversammlung aus angesehenen Männern bestand, deren Ansicht als ein getreuer Ausdruck der Zeitstimmung gelten darf, ist die Entscheidung dieses höchsten Quäkertribunals in Betreff der vorgelegten Frage von ungewöhnlichem Interesse.

Sie war die folgende:

1688. Ein Schreiben wurde von einigen deutschen Freunden vorgelegt, die Rechtmäßigkeit und Unrechtmäßigkeit des Kaufens und Hal-

*) Sollte heißen — drei.

tens von Negern betreffend. Es ist nicht für passend erachtet worden, daß diese Versammlung ein bestimmtes Urtheil über die Vorlage ausspreche, da der Gegenstand derselben zu manchen anderen Angelegenheiten in naher Beziehung steht. Vorläufig also stehen wir davon ab."

Mit dieser kalten diplomatischen Wendung war der wichtige Gegenstand abgethan. Vorläufig! Ja, allerdings nicht für immer, denn es muß den Quäkern zur Ehre nachgesagt werden, daß ihnen das Fortbestehen der Sclaverei ein Pfahl im Fleische war, und daß sie zwar langsam, aber mit wachsender Entschiedenheit auf die Abschaffung derselben hinarbeiteten. — Zuerst (1715) erklärten sie sich gegen den überseeischen Sclavenhandel, dann folgten Verwarnungen, im Jahre 1770 wurden die „Freunde" ersucht, Sclavenhalter nicht zu Gemeinde-Aeltesten zu wählen und 1776 ordneten sie disciplinarische Maßregeln gegen Sclavenhalter innerhalb ihrer Genossenschaft an. Der Staat Pennsylvanien erließ 1780 Gesetze, wodurch die allmälige Abschaffung der Sclaverei bewerkstelligt wurde.

Pastorius darf wohl als Verfasser des oben in deutscher Uebersetzung wiedergegebenen Protestes angesehen werden. An Bildung und Sprachgewandtheit den Uebrigen überlegen, vertrat er auch bei andern Gelegenheiten die Gemeinde durch Wort und Schrift nach Außen. Für seine Gesinnung in Betreff der Sclaverei können noch andere Zeugnisse als seine Namensunterschrift unter dem Proteste beigebracht werden. In einem handschriftlich hinterlassenen Gedichte sagt er:

Allermaßen ungebührlich
  Ist der Handel dieser Zeit,
Daß ein Mensch so unnatürlich
  Andre drückt mit Dienstbarkeit.
Ich möcht einen solchen fragen,
  Ob er wohl ein Sclav möcht sein,
Ohne Zweifel wird er sagen:
  Ach, bewahr mich Gott; Nein, Nein! u. s. w.

Das ist hausbacken, aber gradaus gesprochen.

Pastorius' Lebenslauf bis an sein Ende.

Unter den deutschen Pionieren, die im Jahre 1683 Pennsylvanien erreichten und Germantown gründeten, war Pastorius, wie es scheint, der einzige noch unbeweibte. Am 26. November 1688 heirathete er Enneke (d. h. Annchen) Klostermann, die Tochter des Dr. Johann Klostermann aus Mühlheim a. d. Ruhr. Aus dieser Ehe entsprossen zwei Söhne, Johann Samuel, geb. den 30. März 1690, und Heinrich, geb. den 1. April 1692, deren Nachkommen den Namen und das Geschlecht des Pioniers bis auf die Gegenwart fortführen.

Im Jahre 1698 erhielt Pastorius eine Berufung an die Quäkerschule in Philadelphia, welcher er bis zum Jahre 1700 vorstand. Aus einigen Briefen, die sich erhalten haben, dürfen wir schließen, daß er sein Regiment mit Ernst und Strenge führte.

In die Zeit dieses Philadelphier Aufenthalts fällt der Brief von den „beeden jüngeren Pastoriis" an ihren Großvater, abgedruckt in der „Beschreibung von Pennsylvanien," worin es heißt:

„Wir wünschen gar offt bey dir zu seyn, ach, daß du hier wärest und in unserem Hause zu Germantown wohntest, welches einen schönen Obsgarten hat und der Zeit leer stehet, indem wir zu Philadelphia wohnen und täglich 8 Stunden lang in die Schul gehen müssen, ausgenommen den letzten Tag in der Woche, da wir Nachmittag daheim bleiben dörffen."

Am 30. December 1701 beschloß der Stadtrath von Germantown, eine Schule zu errichten und ernannte Aret Klincken, Paul Wulff und Peter Schumacher zu Aufsehern.

Es war in der Colonie kein Mann, der sich an Kenntnissen und Befähigung mit F. D. Pastorius hätte messen können. Wohl dürfen wir der deutschen Ansiedelung dazu Glück wünschen, daß er sich bereitwillig finden ließ, die Leitung der Schule zu übernehmen. Diese wurde am 11. Januar 1702 eröffnet. Das Schulgeld betrug 4—6 pence die Woche, außerdem leisteten mehrere Bürger, denen die Erziehung der Jugend am Herzen lag, freiwillige Beiträge. Im ersten Jahre waren es die Folgenden:

Anton Loof, Peter Schumacher, Paul Wulff, Jacob Delaplaine, Jonas Potts, Isaac Schumacher, Walter Siemens, Levin Herberdink, Johann Bleikers, Dirck Jansen, Dirck Jansen, der Knecht, Johannes Umstett, Heifert Papen, Jan Lensen, Peter Bon, Dirck Keyser, Claus

Tamson, Gerhard Ruttinghusen und zwei Andere, deren Namen unleserlich sind.

Die Schule war beiden Geschlechtern offen. Außerdem hielt Pastorius eine Abendschule für solche, die während des Tages durch Arbeit in Anspruch genommen waren oder ihres Alters wegen die regelmäßige Schule nicht besuchen mochten. Im ersten Jahr waren dies: Paul Engel, Peter Scholl, Matthis Kunders, Matthis Keurlis, Samuel Kästner, Jacob Engel, Hanna Siverts, Agnes Kunders, Peter Keyser, Peter Keurlis, Wilhelm Gerrits, Johannes Gerckes, Jan Kunders, Andreas Hartzfelder.

Eine Anzahl von Lehrbüchern, die Pastorius verfaßte und handschriftlich hinterließ, dienten ihm ohne Zweifel als Hülfsmittel beim Unterricht.

Im Jahre 1687 und wiederum 1691 war Pastorius Mitglied der Assembly, die in Verbindung mit dem Provinzial-Council die gesetzgebende Gewalt unter der Colonial-Regieruug ausübte. Ueber seine Thätigkeit als Volksvertreter ist Nichts bekannt.

Das ehrenvolle Amt eines Friedensrichters für das County von Philadelphia wurde Pastorius 1693 vom Gouverneur Fletcher übertragen, der zur Zeit, als Penn in Ungnade gefallen und seiner Autorität enthoben war, Pennsylvanien zugleich mit New York regierte. Den Titel „Friedensrichter" übersetzte Jener in seiner Vorliebe fürs Classische „Irenarcha" und so hat er sich zuweilen unterzeichnet. Die irenarchischen Geschäfte waren durchaus weltlicher Art.

Bei der Entstehung und Regulirung neuer Eigenthums- und Rechtsverhältnisse auf der tabula rasa des occupirten Landes bedurfte man in Germantown eines geschäftskundigen Mannes, der sich allgemeinen Zutrauens erfreute. Als solcher war Pastorius seinen Freunden geradezu unentbehrlich. An ihn wandte sich Jeder, der rechtsgültige Urkunden und formgemäße Briefschaften abgefaßt haben wollte. Und so finden wir denn in seinem Geschäftsbuche alle jene interessanten Documente, die ins Bereich des Notars und Rechtsconsulenten fallen, als geleistete Arbeit verzeichnet — Kaufbriefe, Miethcontracte, Vollmachten, Abfindungen, Vergleiche, Testamente, Auctionspapiere, Hypotheken, Traubriefe, Schuldklagen, Vorladungen, Beglaubigungen, Atteste, Inventarien. Auch übernahm er Uebersetzungen, Briefstellerei, Bekanntmachungen und was sonst in das Gebiet des federfertigen Geschäftsmannes oder Juristen fällt.

Die Preise waren, beiläufig gesagt, sehr mäßig, in Verhältniß zu den

Kosten des Unterhalts. Für einen Kaufbrief auf Pergament berechnete er 4—7 Shillinge, für ein Testament, einen Traubrief, einen Miethcontract u. dergl. 2 Shillinge, fürs Schreiben eines Briefes oder einer Rechnung 4 Pence, für die Anfertigung eines Contractes 4 Pence bis 2 Shillinge. Zu gleicher Zeit kostete ein Bushel Waizen 3—4 Shilling, ein Buschel Mais 1 Shilling 8 Pence, 1 Pfund Rindfleisch 3—4½ Pence. Der Tagelohn war gewöhnlich 2 Shillinge. Der Werth eines pennsylvanischen Shillings war 13⅓ Cts., und 1. Penny war der zwölfte Theil eines Shillings. Darnach kann man leicht berechnen, wie viel bessere Preise die Notare und Conveyancers unserer Zeit sich bezahlen lassen.

Man glaube indessen nicht, Pastorius sei bei Schulmeisterei und Notariat zu einem prosaischen Alltagsmenschen herabgesunken. Im lebenden Verkehr mit der Natur, bei der liebevollen Pflege seiner Blumen, Reben und Bienenstöcke, wahrte er sich seine geistige Frische und ein für das Schöne empfängliches Gemüth. Er selbst sagt darüber in seiner schlichten Weise:

„Wer keinen Garten baut,
Und nichts von Blumen weiß,
Niemals zurücke schaut
Ins irdisch Paradeis:
Ist nur ein Sclav und Knecht,
Zum Pflug und Fluch bestimmt,
Und ihm geschiehet Recht,
Daß er sich selbst benimmt
All die Ergötzlichkeit,
Die aus den Gärten fließt,
Und man in dieser Zeit,
Auch wohl hiernach genießt.“

Nicht wenige seiner handschriftlich hinterlassenen deutschen und englischen Gedichte beziehen sich auf ländliche Gegenstände. Sei es eine schmackhafte Frucht, eine duftige Blume, ein Küchen- oder Arzneigewächs, er bezeugt gern sein Vergnügen daran in metrischer Form, und aus der Fülle dieser poetischen Ansprachen würde sich noch jetzt die Flora seines Gartens mit ziemlicher Vollständigkeit zusammenstellen lassen.

Um ein Wort über diese Anfänge deutsch-amerikanischer Schriftstellerei zu sagen, so versteht es sich von selbst, daß der Pegasus unseres deutschen Pioniers sich nicht über das Niveau seiner Zeit erhob und bekanntlich war dies zu einer bedenklichen Tiefe herabgesunken. Für die Einen war der abgeschmackte Schwulst eines Lohenstein; für die Andern die fade Natürlichkeit eines Weiße das rechte Element der Dichtkunst; Pastorius hielt sich bei seinen Versuchen im Ganzen an die Muster der nüchternen Schule. Dabei hatte er aber eine besondere Vorliebe für allegorische Tändelei, Witz- und Wortspiele, für die concetti des Zeitgeschmacks, während seine fromme Sinnesart in erbaulichen Nutzanwendungen und in der Verwerthung biblischer Stellen zum Ausdruck kommt.

Uebrigens sah er seine metrischen Versuche als eine bloße Liebhaberei, ein verzeihliches Spiel der Laune an und deutete dies schon durch die Wahl der Titel an. (Poetical Raptures, Hotch-potch of Rythmical Whimsies, Semel insanivimus omnes). Die englischen Gedichte sind größtentheils Denkverse und moralische Sprüche. Ein rauher Humor tritt wohl sprungweise ein, hie und da fällt ein satirischer Seitenhieb, aber treuherzige Vermahnung und seufzende Lebensweisheit ist für ihn der natürliche Grundton. Auch lateinische Gedichte laufen mit unter und beweisen, daß Pastorius in der Wildniß Pennsylvaniens der Sprache Meister blieb, die er einst mit seinem Lehrer Tobias Schumberg in Windsheim zu reden pflegte. Es ist wirklich unglaublich, wie viel Zeit Pastorius bei seiner vielseitigen Beschäftigung noch für Schriftstellerei erübrigte. Seine Schreibseligkeit war unermüdlich. Er hinterließ handschriftlich einen Folianten, 14 Quartanten, 22 Octav- und 6 Duodezbände, beiläufig bemerkt, so eng und zierlich geschrieben, daß ein Vergrößerungsglas bei der Entzifferung gute Dienste leistet. Nur wenige dieser Schriften sind einer lieb- und sorglosen Zerstörung entgangen, aber die Titel sind in einem von Pastorius selbst angefertigten Verzeichniß erhalten und geben über deren Inhalt einigen Aufschluß. Es waren theils Handbücher über Lehrgegenstände (Arithmetik, Geometrie, Lateinisch, Französisch), theils Abhandlungen praktischer Art (Landbau, Obst- und Bienenzucht, Fischerei, Gesetze, Recepte u. dgl.), theils theologische und ethische Schriften, theils rein literarische Versuche. Ein Octavband, die „Phraseologia Teutonica, Krafft und Safft der Teutschen Heldensprach,“ ein Handbuch der Synonymik, hat sich erhalten.

Auch der oben erwähnte Foliant existirt noch. Schon der Titel ist ein Curiosum. Anfangend mit den Worten: “Francis Daniel Pastorius his Hive, Beestock, Melliotrophium, Alvear or Rusca apium” verläuft er durch allerlei sentenziöse und epigammatische Wendungen, Mottos 2c. in ein bizarres Gedankengekräusel, wozu sich Englisch und Latein friedlich die Hand reichen.

Das erste deutsche Buch aus Amerika.

Eine kleine Ueberraschung ist dem Leser noch vorbehalten worden. Wir blasen eine dicke Staubwolke von vergilbten, vergessenen Bänden, und siehe da! die erste von einem Deutsch-Amerikaner verfaßte Druckschrift kommt wieder zu Tage. Welchem Gegenstande dieselbe gewidmet ist, würde kein Oedipus errathen. In seinem Häuslein, das noch der alte Urwald umstand, auf dem frischen Boden Pennsylvaniens, den der rothe Mann eben dem weißen überlassen hatte, schrieb Pastorius, der Rechtsgelehrte, vier kleine doch ungemeine und sehr nützliche Tractätlein:

1. De omnium Sanctorum vitis. 2. De omnium pontificum statutis. 3. De conciliorum decisionibus. 4. De episcopis et patriarchis Constantinopolitanis.

Dies vom Leben der Heiligen, von päpstlichen Erlassen, Entscheidungen der Concilien und den Patriarchen zu Constantinopel handelnde Buch wurde, wie Pastorius ausdrücklich bemerkt, „aus der in Pennsylvanien neulichst von mir in Grund angelegten und nun mit gutem Succeß aufgehenden Stadt Germanopoli, 1690," in die Welt gesandt. Das alte Vaterland aber verfehlte nicht, diesem ersten Zeugniß deutscher Zunge aus der westlichen Hemisphäre Anerkennung zu zollen — das Büchlein wurde verboten.

Ein anderes Buch, von Pastorius verfaßt, welches zum Druck gelangte, war ein A B C und erstes Lesebuch für die Schule in englischer Sprache. In den Protokollen der Philadelphier Quäkergemeinde sind Ankäufe von „Pastorius Primer" öfters erwähnt und so finden sich auch in seinem Einnahmen-Buche Verkäufe von „meinem Primer" verzeichnet. Kein Exemplar dieses ersten pennsylvanischen Schulbuches scheint sich erhalten zu haben.

Von der „Beschreibung Pennsylvaniens," unter F. D. Pastorius Namen von dessen Vater aus Briefen und Berichten ziemlich unordentlich zusammengetragen, ist bereits die Rede gewesen.

Pastorius' Ende.

Pastorius starb in den letzten Tagen des Jahres 1719; sein Testament, worin er sich als „sehr krank" erklärt, ist den 26. Dezbr. 1719 datirt und die Eröffnung fand am 13. Januar 1720 statt. Er vermachte darin seinem älteren Sohne Samuel, dem Weber, seine 50 Acker Land in Germantown, 200 Acker am Parqueaming (Perkiomen), eine englische Quartbibel, eine Flinte und den Webestuhl. Dem jüngern Sohn Heinrich, der unten Crispins Fahne getreten war, hinterließ er 300 Acker am Perkiomen, eine englische Bibel, eine silberne Uhr, seine Manuscripte und die zum Schuhmacherhandwerk gehörigen Geräthe. Beiden Söhnen in Gemeinschaft bestimmte er die gedruckten Bücher. Seiner Frau Anna fiel der Rest des am Perkiomen gelegenen Landes, nämlich 393 Acker, zu, gleichfalls ein bestrittener Anspruch auf 103 Acker in Germantown, ferner alle persönliche Habe und die ausstehenden Schulden.

Im Ganzen erfreute sich Pastorius während seines Lebens einer guten Gesundheit; nur vier Fälle ernstlichen Unwohlseins weiß er von 1693 vis 1717 zu erwähnen und sämmtliche Ausgaben für Doctor und Apotheker, die sein Rechnungsbuch während der letzten 20 Jahre aufweist, betragen — 3 Shillinge „für eine Purganz."

Das Glück eines heitern und zufriedenen Greisenalters scheint ihm in Folge von Chicanen vereitelt worden zu sein. Er klagt:

„Nun in meinen alten Jahren
Muß ich noch viel Leids erfahren,
Und in meinen schwächsten Tagen
Die allerschwersten Lasten tragen.
Da meine Feind mich quälen
An Leib und an der Seelen:
Was rath's? Ich halte stille,
Und sag: Es g'scheh' Gottes Wille!"

Schon im Jahr 1711, als er das Alter von 60 Jahren erreichte, erklärt er sich lebensmüde:

„Komm' lang ersehnte Todesstund',
Die Endschaft meiner Leiden!
Es ist ja doch der alte Bund,
Daß Seel' und Leib muß scheiden.
Gehabt euch wohl, mein Weib und Söhn',
Beharrt im wahren Glauben,
Verachtet böser Leut Gehöhn
Und achtet nicht ihr Schnauben.
Mein Gott und Heiland, welcher hat
Mich bis anher erhalten,
Wird hoffentlich mit seiner Gnad'
Auch ob der Meinen walten."

Kein Denkmal bezeichnet die Stätte, wo der Gründer von Germantown, der Pionier der deutsch-amerikanischen Einwanderung begraben liegt. Daß seine Gebeine auf dem alten Quäkerkirchhofe in Germantown ruhen, ist eine Vermuthung, der man unbedenklich beipflichten darf. Käme es je dazu, daß dem würdigen Maune, welcher deutschen Biedersinn und strenge Gewissenhaftigkeit in der Fremde unantastbar wahrte, dem Vorgänger von Millionen deutscher Ansiedler in Amerika ein Denkstein gesetzt würde, so sollten die Worte, mit denen William Penn sein Wesen gekennzeichnet hat, darauf stehen:

Vir sobrius, probus, prudens et pius, spectatæ inter omnes inculpatæque famæ.

Nüchtern, rechtschaffen, weise und fromm, ein Mann von allgemein geachtetem und unbescholtenem Namen.

Germantown, die deutsche Stadt.

Ueber hundert Jahre blieb Germantown was sein Name besagte, eine deutsche Stadt. Dort predigte Wm. Penn 1683 oder 1684 in Tunes Kunders Hause in deutscher Sprache und General Washington wohnte 1793 dem deutschen Gottesdienste in der reformirten Kirche bei, als ihn das in Philadelphia grassirende gelbe Fieber nöthigte, seinen Wohnplatz zeitweilig in Germantown zu wählen. Lange Zeit war es die erste Raststätte der deutschen Einwanderer, die nach Pennsylvanien zogen und sich über die östlichen Bezirke, die Counties von Montgomery, Berks, Lancaster, Lebanon, York, Bucks, Lehigh und Northampton verbreiteten. Noch länger blieb es der Mittelpunkt des geistigen Verkehrs, der Ort, wo deutsche Bücher und deutsche Zeitungen herauskamen. Im Jahre 1738 errichtete Christoph Sauer dort eine deutsche Druckerei und Verlagshandlung, welche 40 Jahre lang erfolgreich bestand und dann nur durch eine gewaltsame Katastrophe im Strudel der Revolution unterging. In Germantown wurde 1743 die deutsche Bibel in einer stattlichen Quartausgabe gedruckt, die erste Bibel, die auf dem westlichen Continente in einer europäischen Sprache erschien. Dort kam am 20. August 1739 das erste deutsche Zeitungsblatt heraus, der „Hochdeutsch Pennsylvanische Geschichtschreiber," welcher den Reigen der deutsch-amerikanischen Presse eröffnet. In Germantown war die erste amerikanische Papiermühle und erste Schriftgießerei. Die Industrie, welche die deutschen Leinweber und Strumpfwirker von 1683 begründet hatten, erfreute sich, während des folgenden Jahrhunderts und darüber hinaus, des besten Rufes.

Lange Zeit gab es dort Jahrmärkte, wo es in deutscher Weise beim Kaufen und Zechen lustig herging und der deutschen Kinderspiele auf den Straßen konnten sich noch vor einem Menschenalter die älteren Leute erinnern. Diese wußten auch von Washington's ehrlichem Freunde, dem Oberbäckermeister der Armee, Christoph Ludwig, zu erzählen, der seine alten Tage in Germantown verlebte und mit kräftiger Stimme die Vorübergehenden so munter ansprach, daß es von ihm hieß: „Da kommt unser General."

Jetzt freilich ist Alles anders geworden. Die ländliche Anmuth zog die Stadtbewohner von Philadelphia seit dem Anfang des laufenden Jahrhunderts nach dem stillen Germantown und bald beschämten herrliche Landsitze die kleinen moosbewachsenen Steinhäuser der alten Ansiedler. In der Hauptstraße verdrängten Kaufläden die ehemaligen Wohnstätten. Die wachsende Zahl der Anglo-Amerikaner machte dem Vorwalten der deutschen Sprache ein Ende, und selbst die Namen der Pioniere, wie Lücken, Schumacher, Jansen, Kunders, nahmen ein englisches Gewand an, als Lukens, Shoemaker, Johnson, Conrads. Pastorius Nachkommen, von welchen drei den berühmten Namen ihres Vorfahren, Franz Daniel, führen, können dessen deutsche Schriften nicht lesen. Das deutsche Germantown wurde allmälig ein Gegenstand der Tradition und endlich der Geschichte. Im Jahre 1854 wurde es, in Folge der Consolidationsacte, an die große Nachbarstadt annectirt und bildet nunmehr die 22ste Ward von Philadelphia. Viele, die in Germantown wohnen, wissen sich von dessen Namen keine Rechenschaft zu geben. Die Zustände der alten Zeit, von welchen diese Blätter erzählen, muthen uns an wie ein verklungenes Idyll, eine traumhafte Sage. Aber mag die pietätlose Gegenwart, die nur ein Auge für den Marktwerth des Grund und Bodens hat, in unserm Germantown weiter Nichts finden als eine Anzahl von Häusern und Baustellen der 22sten Ward von Philadelphia, für den Deutschen der Vereinigten Staaten wird es stets eine denkwürdige Stätte bleiben, geweiht durch die Erinnerung an die Pioniere von 1683, die sich hier eine neue Heimath in der neuen Welt schufen und die großartige Wanderung der Deutschen nach Amerika einleiteten.

Quellen.

A. Handschriftliche.

Exemplification Books in der Recorder of Deeds' Office.

Grund- und Lagerbuch von Germantown. Daselbst.

Pastorius Autobiographie. Beehive, im Besitz der Wittwe von W. Pastorius.

Pastorius Notizbuch. Hist. Society of Pennsylvania.

Germantown Rathsbuch. Daselbst.

James Claypoole's Letter-book. Daselbst.

Penn Papers. Daselbst.

Abschrift der Records of the Abington Monthly Meeting. Daselbst.

Pastorius Einnahmen- und Ausgaben-Buch, im Besitz von Hrn. George Wagner.

Pastorius Deliciæ Hortenses.

Vertrag der Theilnehmer der Frankfurter Compagnie. (Als Handschrift gedruckt.)

Briefliche Mittheilungen von Hrn. H. A. Rattermann.

B. Druckschriften.

Eine Nachricht wegen der Landschaft Pennsylvania in Amerika. Amsterdam, 1681.

Umständige Geographische Beschreibung der zu allerletzt erfundenen Provintz Pennsylvaniae. Durch Franciscum Danielem Pastorium. Frankfurt und Leipzig, 1700.

Das Leben Frauen Joh. Eleonorä Petersen, geborener von und zu Merlau, 1719.

William Penn's Travels in Holland and Germany.

Watson's Annals of Philadelphia.

Pennsylvania Magazine of History and Biography. Philadelphia, 1877-1883.

S. W. Pennypacker, Settlement of Germantown. 1880.

Der deutsche Pionier. Cincinnati, 1869—1883.

M. Goebel, Geschichte des christl. Leben in der rheinisch-westphälischen evangelischen Kirche.

Compendium of the U. S. Census of 1880.

Reports of the Bureau of Statistics, Washington.

Zeitfracht Medien GmbH
Ferdinand-Jühlke-Straße 7
99095 Erfurt, Deutschland
produktsicherheit@kolibri360.de